JN119168

「有珠学」紹介手帖

［著］
大島 俊之
Toshiyuki Oshima

共同文化社

❖刊行にあたって

著者は令和2年度から4年度まで北海道伊達市有珠小学校において「有珠学」の授業を実施してきました。この地域に育った（育てられた）著者はこの3年間、「有珠学」と名付けた内容の授業をするための様々な資料を収集して、編集に取り組んできました。またこの経験の中で有珠地域の様々な自然環境や地理的・文化的経緯についてもあらためてその重要さを認識することになりました。

ご承知のように有珠地域は古代から有名な霊峰有珠山や洞爺湖・昭和新山、遠浅の有珠海岸と有珠湾などの恵まれた美しい自然や地理的環境、また有珠善光寺、有珠場所・会所、バチラー夫妻記念堂などの歴史、さらには縄文時代以来今日までアイヌの人々につながる長い人々の暮らしと文化など、歴史的かつ文化的事績に恵まれた地域なのです。

しかし有珠地域も全国的な少子高齢化の影響を受けて近年は人口減少に悩まされていいます。ですからこれからこの地域の将来の発展を担う若い世代にはこれらの様々な歴史的・文化的環境を理解・継承して、新しい時代を切り開いていってほしいと願っています。そのためにはこれらの歴史的・文化的な内容や意義を俯瞰的に把握して、後世に継承するとともに、この内容を北海道、東北、関東など全国の他の地域の人々にも理解していただいて、有珠地域及び伊達市の発展をご支援していただきたいと切望している次第です。

また菊谷秀吉伊達市長のご支援もあり、平成30年度に札幌市や伊達市のメンバーおよび有珠地域の若い世代の方々と「有珠地区整備検討会議」を設立し、地域の課題について色々と議論をし、その中から「バチラー教会堂のライトアップ整備」、「有珠ヘルシーウォーキング」、「有珠歴史観光ツアー」など、その後のいくつかの事業に結びついたものもあります。しかし最近はコロナ禍の影響もあり、会議を開けない状況が続いております。

それでこれらの最近の有珠地域における様々な活動や経緯から、「有珠学」の内容を俯瞰的に理解し、多くの方々にその内容を紹介する新書本の出版を企画するとともに、これらの内容を踏まえた様々な交流や事業の「きっかけ」となることを期待して、１３８年の歴史となった有珠小学校の閉校の時期に合わせて『「有珠学」紹介手帖』を発刊することに致した次第です。

今後本書をきっかけとして、有珠小学校校舎の利活用など様々な取り組みが地域で発展することを期待しています。

「有珠学」紹介手帖　目次

第4章　有珠善光寺の歴史

第5章　有珠場所・会所の歴史

第1章

太古の地球変動と古代の有珠の地誌

1　地球誕生の歴史と地球内部の構造

はじめに、私たちが住む地球を宇宙から眺めてみましょう。地球は、銀河系の端に位置する太陽系の中にあります。46億年前ごろに誕生したといわれる太陽系は、文字通り太陽を中心に運行している天体です。水星、金星、地球、火星、木星、土星、天王星、海王星の8個の惑星と月のような衛星、さらに準惑星や小惑星、ガス状の惑星間物質などから構成されています。人類は有史以来、天空を観察し、地球と宇宙の関係についてさまざまな考察を行ってきました。科学技術の発達とともに解明されたこともたくさんありますが、それでもいまだに多くの謎に包まれています。近年では、JAXA（日本宇宙航空研究開発機構）が打ち上げた宇宙探査衛星「はやぶさ2」が、小惑星「リュウグウ」から小さな岩石を地球に持ち帰り、宇宙の謎に迫る研究が続けられています。

地球は、太陽系が形成された後に、惑星の合体などにより誕生したと考えられています。そして、**図1－1**に示すように大陸の集合と分裂を繰り返しながら、現在の陸地形成へと至り、その活動はいまも続いています。一方、陸地以外は海水で覆われており、「水の惑星」ともいわれるように、その面積は3分の2を占めます。

こうした陸と海を備える地球は、その誕生以来、何度も氷河時代を繰り返してきまし

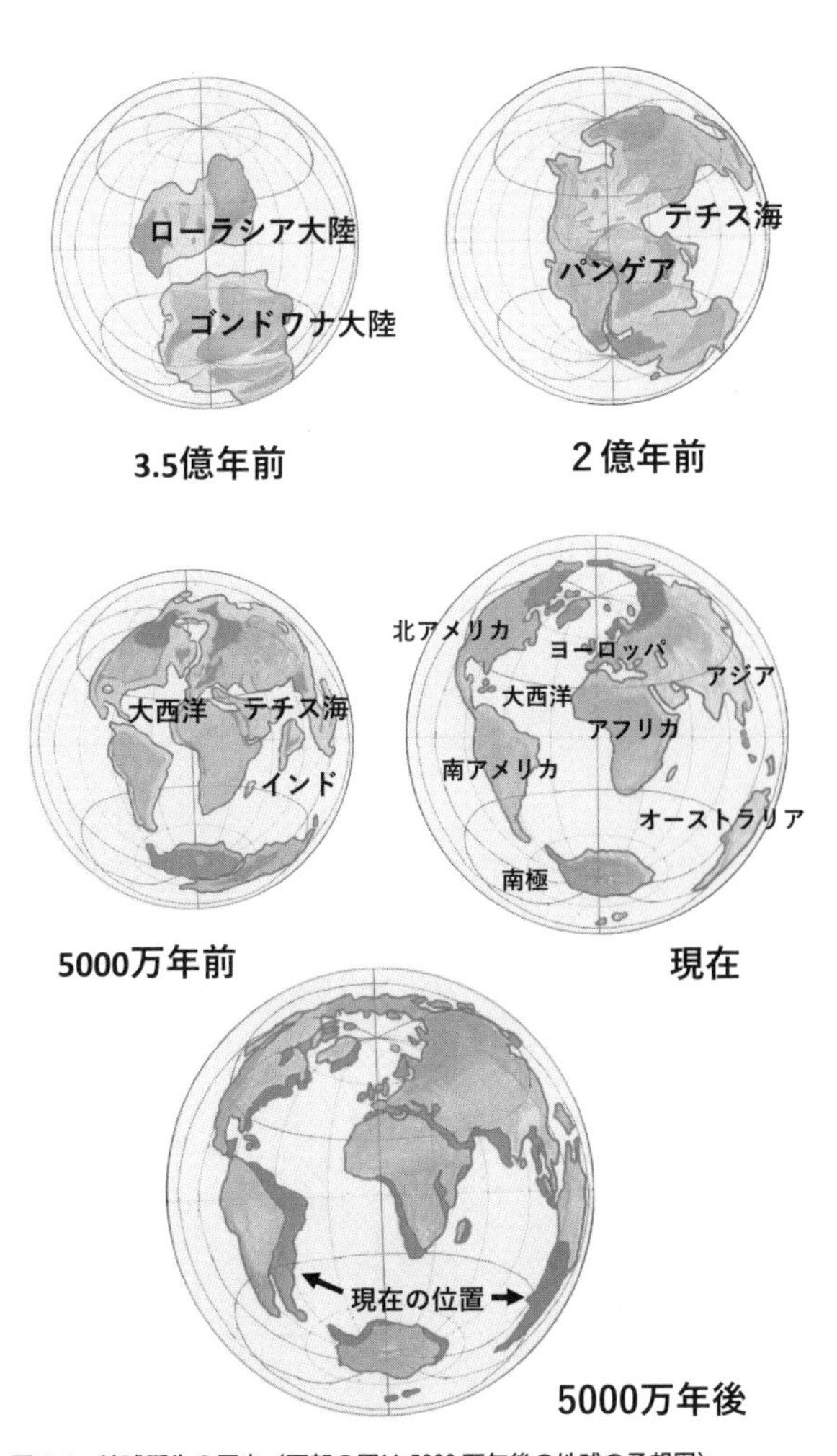

図 1-1　地球誕生の歴史（下部の図は 5000 万年後の地球の予想図）

表 1-1　地球の地質年代[1]

地質年代	相対年代			絶対年代（百万年前）
新生代	第四紀	完新世（沖積世）	後アルプス造山運動	0.01
		更新世（洪積世）		約 2
	第三紀	鮮新世		7
		中新世		26
		漸新世	アルプス造山運動	38
		始新世		54
		暁新世		65
中生代	白亜紀			136
	ジュラ紀			190
	トリアス紀（三畳紀）			225
古生代	ベルム紀		ヴァリスカン造山運動	280
	石炭紀			345
	デボン紀		カレドニア造山運動	395
	シルル紀			430
	オルドビス紀			500
	カンブリア紀			570
原生代			アシント造山運動	850
始生代				4500 ∓

た。22億年前には、地球表面がほとんど凍りついてしまう「全球凍結」という現象も起きました。研究によれば、過去に少なくとも5回の大きな氷河時代があったといわれています。

最後の氷河時代は、約258万年前の新生代・第四紀の更新世（洪積世）に始まり、何度かの氷期と間氷期を繰り返しました。（表1－2・表1－3参照）

現在は、約1万年前からはじまった完新世（沖積世）の時代で、最終氷期（ウルム氷期）が終わり、比較的温暖な後氷期にあたります。

地球の半径は約6400キロメートルあります。その内部は、地殻から地球の中心へと掘り下げていくとマントル（岩石層）→外核（液体）→内核（固体）となり、中心部分は約360万気圧、5500度に達するほどの超高圧高温状態です（図1－2）。

「火山噴火」とは、マントルの対流によって岩石がどろどろに溶け、「マグマ」となって地殻を突き抜けて噴出する現象をいいます。さらに、このマントル対流は、陸地大陸の形状を変化させる巨大エネルギーを持ち、多くの地震を発生させる原因にもなります。

表 1-2　氷河時代の変遷（更新世後期 15 万年前まで）[1]

『日本列島』（湊正雄、井尻正二著・岩波新書　1976 年 4 月）を参照し作成しました

第四紀更新世後期の氷期	年代	海水準	
更新世 （後氷期）			これ以後、温暖になるのは 6 KBP 頃からの縄文時代前期の頃
主ウルム第 3 亜氷期 Wh3 第 4 亜氷期	1.7 万年- 1 万年前 寒暖の時期を繰り返す	－20 m	有明海の資料 これ以前　更新世後期
主ウルム第 2 亜氷期 Wh2 第 3 亜氷期 W3	2.5 万年- 1.7 万年前 一番寒い時期 ウルム氷期最盛期 （2 万年- 1.8 万年前）	－140 m	北海道では圏谷（けんこく、カール）氷河拡大／ヒトが広く本州各地に住みついた／ 20 KBP 頃に北方の大陸からヒトの移住があった／マンモス動物群が南下して本州中部まで広く住みついた／アカエゾマツ、クロビイタヤなどの北方系の樹種が東北地方に森林を作った／後半期は津軽海峡や朝鮮半島が最終的に陸橋となっていた時期／これ以後は 2 つの海峡は広く海となった
第 2 亜間氷期 Wh2/Wh1 ポイドルフ間氷期	2.6 万年- 2.5 万年前	－80 m	立川ローム層（第 2 黒色帯）
主ウルム第 1 亜氷期 Wh1 ウルム氷期第 2 亜氷期 W2	2.9 万年- 2.6 万年前	－106 m	汀線ははるか沖合 日本アルプス、日高山脈　氷河
第 1 亜間氷期 ゲトワイエル間氷期 W1/W2	4.4 万年- 2.9 万年前 温暖	－40 m	長野県野尻湖／日本にヒトが住みついていた／大陸との陸橋存在／ナウマンゾウやオオツノシカ　大陸と往来／オニグルミ、ハンノキ　華北から南下
第 1 亜氷期 古ウルム亜氷期 W1	7 万年- 4.4 万年前	－60 m	サハリンと北海道はシベリアの半島／圏谷氷河　日本アルプス、日高山脈／マンモス　襟裳岬まで南下／マンモスの臼歯化石が発見された／小越段丘礫層（高度 10 m の段丘）は支笏降下軽石層に覆われている
リス・ウルム間氷期 （W/R　第三間氷期） （エエム温暖期）	13 万年- 7 万年前	＋8-18 m	モナストリア海進 110 KBP　洞爺湖カルデラ噴火 エーミアン間氷期

（6 KBP：今から 6000 年前、以下同じ）

表 1-3　更新世（洪積世）の氷河時代[1]

氷期と間氷期	地質年代（万年前）	更新世（洪積世）
第三間氷期 （W/R 間氷期）	7-13 （更新世後期）	北海道釧路地方春採貝層（温暖な海水中の堆積物） 110 KBP ごろ　洞爺カルデラ噴火
リス氷期 （第三氷期）	13-18	栃木県塩原温泉一帯　木葉石（このはいし）が有名 日本の山々が氷河に覆われた （日高山脈では氷堆石、圏谷（カール）が有名）
第二間氷期 （R/M 間氷期）	18-23	海水準（海面）＋40 m
ミンデル氷期 （第二氷期）	23-30	兵庫県の満池谷層、たくさんの寒冷型植物の化石 （カラマツ、ツガ、エゾイタヤ） 冬期には大小の河川が凍結し、北方系の動物が移動しやすかった 津軽海峡も陸続き
第一間氷期 （M/G 間氷期）	30-33	三浦半島の長沼層、房総半島の地蔵堂層など 温暖型の貝化石を含む海成層がこの時期を代表している 日本列島を区切る各海峡はまだ陸続きだった
ギュンツ氷期 （第一氷期）	33-47	日本に移住したのは南方系の中国万県（ワンシェン）動物群 他方、エゾシカは北方（樺太地方経由）から南下した

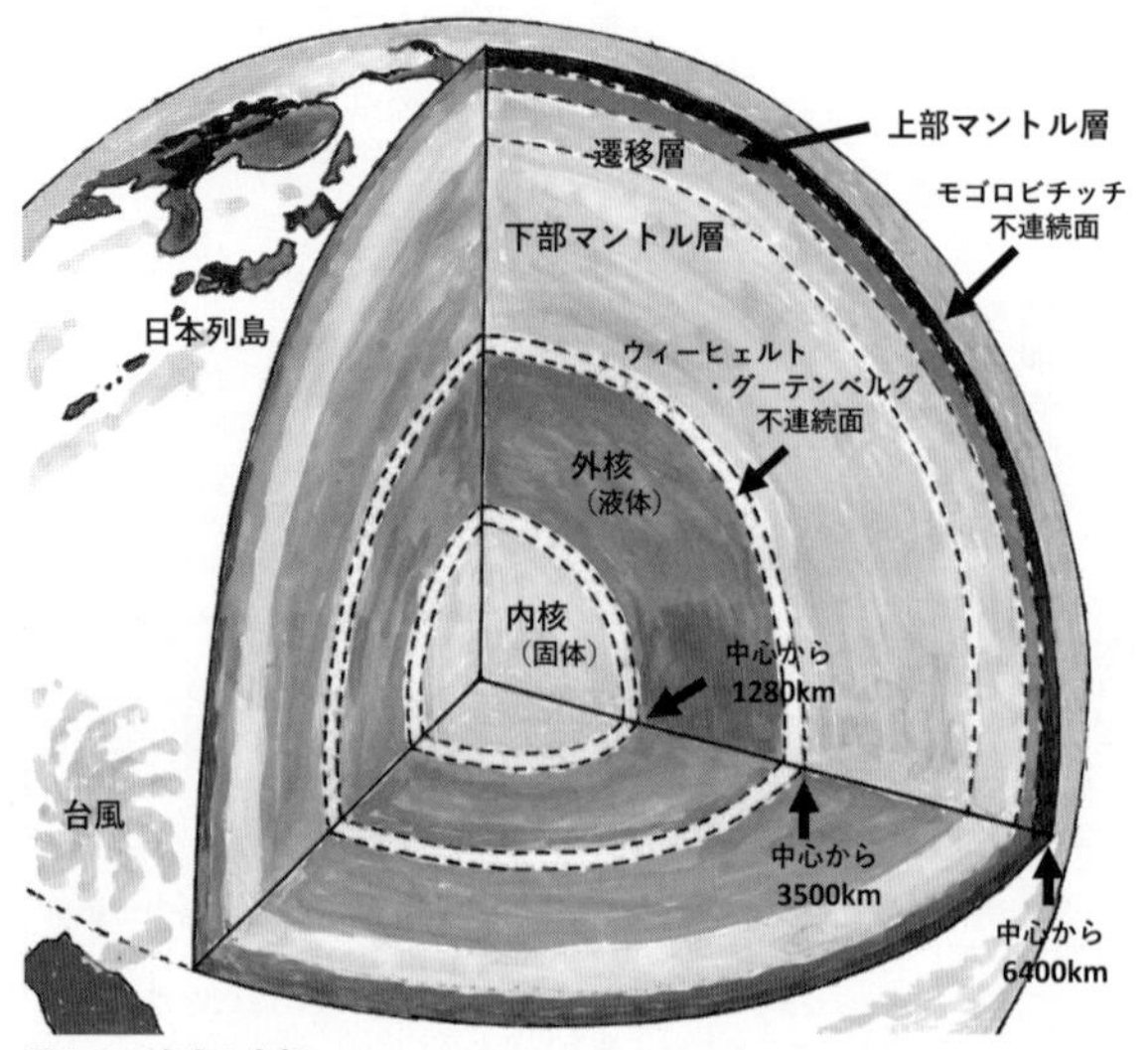
上部マントル層
遷移層
モゴロビチッチ
不連続面
下部マントル層
日本列島
ウィーヒェルト
・グーテンベルグ
不連続面
外核
（液体）
内核
（固体）
中心から
1280km
台風
中心から
3500km
中心から
6400km

図 1-2　地球の内部

2　重要な氷河時代の理解　更新世（洪積世）の時代

最後の氷河時代がはじまった新生代第四紀・更新世の時代は「人類の時代」とも言われ、表1－2、表1－3、表1－4に示すように、人類が進化し、地球上に拡散していく時代です。また一方で、自然環境の変化も激しい時代でした。日本でも火山や湖がたくさん生まれており、この時代を理解することは、有珠地域の地理と歴史を考える上で、とても重要です。

新生代は第三紀と第四紀に区別されますが、その境界が画定されたのは、１９４８年にロンドンで開催された第18回万国地質学会においてです。

第四紀とは、地球全体が寒冷化し、低温に強い生物が現れてきた時期であり、イタリア南部にある海底から隆起したカンブリア層の最下部を基盤としています。またこの第四紀の始まりから新型の哺乳動物（ゾウ、サイ、ウマ、ウシなど）が出現し始め、特にゾウは大発展を遂げました。

日本列島では、第三紀と第四紀の境の層は、関東地方の三浦半島大船層の下部や、房総半島の上総層群の下部と特定されています。

第三紀の鮮新世から第四紀の更新世へと移る頃（３００万年～２５８万年前）の日本は、

表 1-4　時代区分の比較 (1)

時代区分		千年前	海面	文化	人類	北海道
完新世		2.5 / 4.0 / 8.0	+2m / −13m −15m	新石器文化：鉄文化 / 青銅器文化 ／ 続縄文 / 細石器文化 ／ 古墳時代 / 弥生時代 / 縄文時代（晩期 / 後期 / 中期 / 前期 / 早期）	新人　クロマニョン人	樽前火山 / 恵山火山 ／ 網走湖ヌマガイ時代 / 網走湖シジミ時代 / 網走海湾カキ貝時代 / 網走海峡アサリ時代
更新世後期	ウルム氷期後期 主ウルム亜氷期Ⅲ	10.0	−70m	後期旧石器文化 / 先土器時代 / 細石器文化 / 白滝文化層 / 野尻湖	新人　クロマニョン人	最低位段丘 / 札内川扇状地堆積物　Ⅱ / 戸蔦別亜氷期ⅡⅢ / 洞爺カルデラ噴出物 / 長流川角礫岩層 Ⅱ
	ウルム最盛期 主ウルム亜氷期Ⅱ	17.0 / 25.0	−130〜−140m	後期旧石器文化 / 先土器時代 / 白滝文化層 / 野尻湖	新人　クロマニョン人	戸蔦別亜氷期ⅡⅢ / 洞爺カルデラ噴出物 / 長流川角礫岩層 Ⅰ
	主ウルム亜氷期Ⅰ	26.0 / 29.0	−100m	後期旧石器文化 / 先土器時代 / カムチャッカ 湧別	新人　クロマニョン人 / 旧人　ネアンデルタール人	札内川扇状地堆積物 Ⅰ / 戸蔦別亜氷期Ⅰ / 支笏溶結凝灰岩
	間氷期	44.0 / 150.0	+20m	中期旧石器時代	旧人　ネアンデルタール人	角田層（ナウマン象）　支笏降下軽石層

図 1-3　現在の洞爺湖と有珠山

大陸と陸続きでした。そのため、インド北部に近縁種を持つゾウ（エレファント・イデスゾウ）などがアジア大陸を移動して、氷河時代の日本に住みついていたことがわかっています。

3　洞爺カルデラ形成[2][3]

では、本書の舞台である有珠地域は、地球の長い歴史の中で、どのように形成されてきたのでしょうか。洞爺カルデラの形成を中心に、この地域の太古から現在に至るまでの大地の成り立ちを考えてみることにします。

有珠山は、洞爺カルデラの南側に位置し、洞爺湖周辺には広大な火砕流（洞爺軽石流）が堆積した台地が広がっています。こうした

図1-4　洞爺カルデラ噴火の想像図（11万年前）

形状に至るまでにはさまざまな大地の変化がありました。（図1－3）

はじまりは、9～13万年前の第三間氷期（リス氷期とウルム氷期の間）時代に起こった洞爺カルデラの大噴火（表1－2、図1－4）です。[3] 地下に溜まった大量のマグマが噴出し、小石を含む火山灰流や軽石流が、日本海や噴火湾（有珠地区）へ流下していきました。そして、マグマが噴出した跡に、直径約13キロメートルのほぼ円形の巨大なカルデラが形成されます。そこに水が溜まってできたのが、現在の洞爺湖です。その後、約4～5万年前頃に、カルデラの中央に安山岩の溶岩円頂群からなる中島が形成されます。

そしていよいよ有珠山が誕生します。約1万9000年前（主ウルム第2亜氷期時代）、カルデラの南麓で溶岩流の噴出が起こり、有珠山成層火

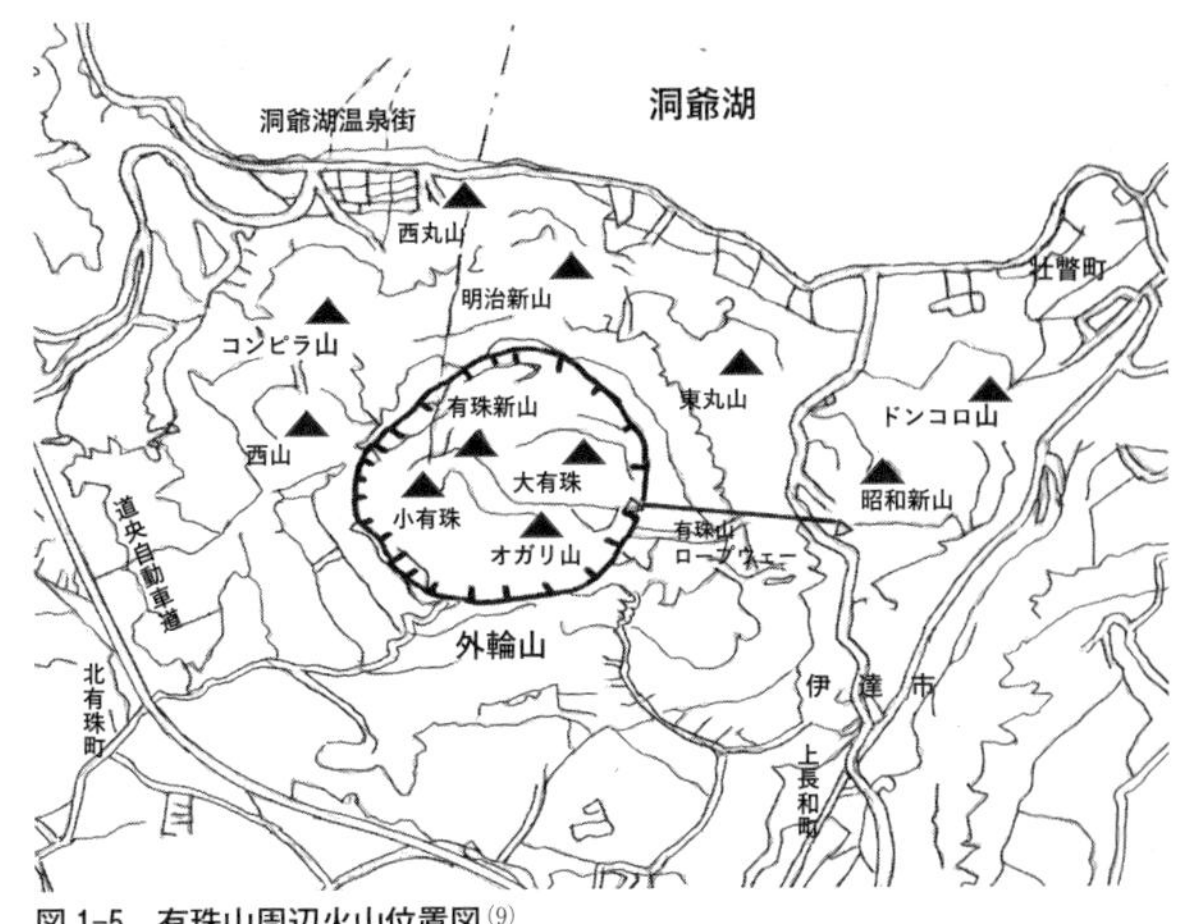

図 1-5　有珠山周辺火山位置図[9]

山が発生。さらに約1万6000年前（主ウルム第3亜氷期時代）には山体崩壊が起こり、現在のような有珠山とその周辺地域の大まかな形状ができました[4][5]。（表1－2）

4　有珠成層火山の形成と山体崩壊[4],[6]-[10]

現在の有珠山は、直径1・8キロメートルの外輪山をもつ玄武岩～安山岩の本体火山（基底直径6キロメートル、高さ500メートル）と、その寄生火山（ドンコロ山）および3個の溶岩円頂丘（小有珠、大有珠、昭和新山）、さらに7個の潜在円頂丘（西山、金毘羅山、西丸山、明治新山、東丸山、オガリ山、有珠新山）で形成されています（図1－5）。

前述したように、有珠山のなりたちには、

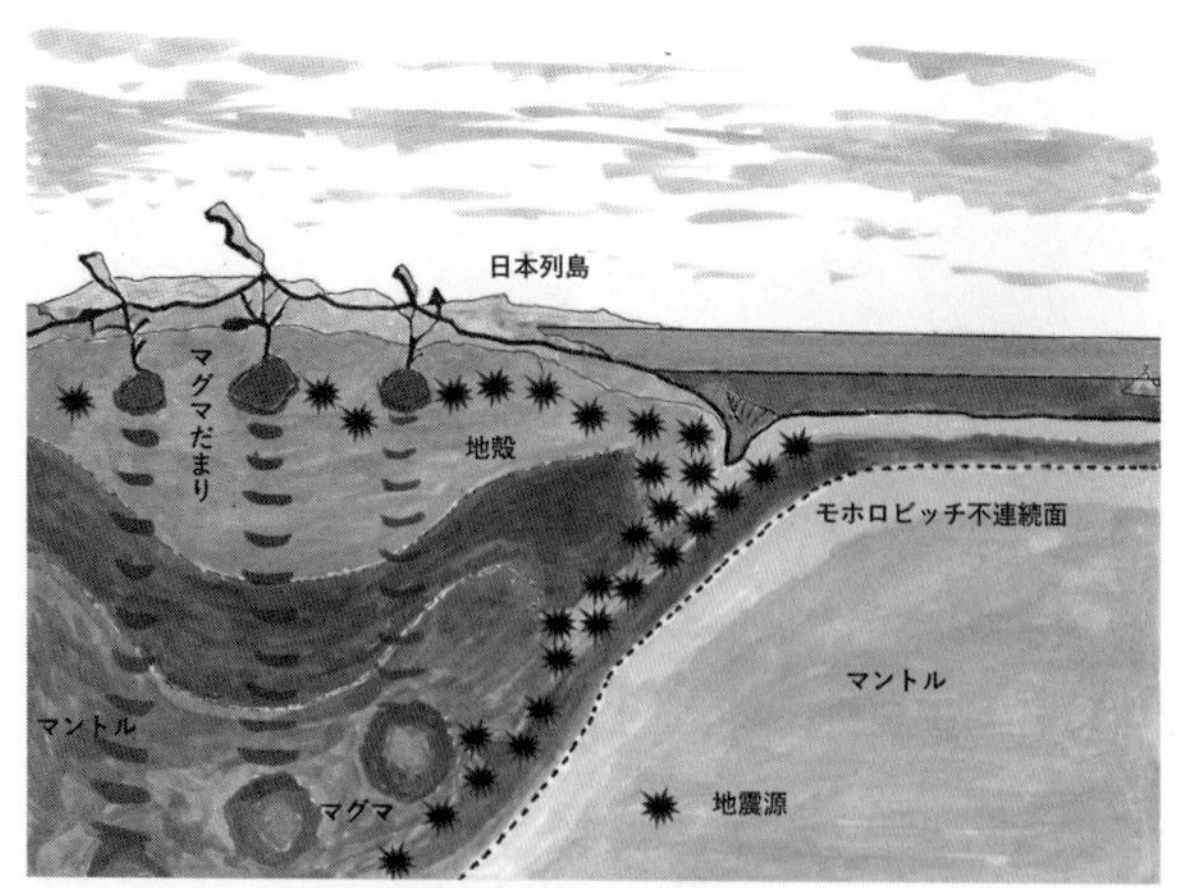

図 1-6　噴火する火山の内部の想像図

図 1-7　有珠山山体崩壊と岩屑流の想像図（1 万 6000 年前）

二度の大きな出来事が起因しています。地質年代では、新生代第四紀の更新世（洪積世）末期から完新世（沖積世）初期にかけてです。
第1期は、1万9000年前に起こった成層火山の発生です。洞爺カルデラの南壁沿いに、玄武岩や安山岩などの溶岩流の噴出からはじまります。これらの噴出物は、山体の形成とともに有珠山の北側、南側に流下して富士山や羊蹄山のような円錐状の成層火山を形成しました。（図1－5）
第2期は、約1万6000年前に起こった山体崩壊です。有珠山の山頂部が大きな水蒸気爆発で崩壊し、岩屑（がんせつ、岩くず）が南麓に広く流下して、大小の「流れ山」を造りました。（図1－7）
崩壊の後、有珠山の山頂は低くなり、南に開く馬蹄形の火口が発生しました。現在の外輪山の南壁は、その後の噴火（水蒸気爆発など）で修復されたものです。そのため、北外輪山は、溶岩流が重なった地層であるのに対して、南外輪山には、火山砕屑物が堆積している特徴があります。
この火山砕屑物（岩屑流堆積物）の上には、縄文早期から晩期までの遺物や貝塚が発見されており、縄文人が豊かに生活していたことが想像できます。
有珠山はその後、数千年間活動を休止していましたが、1663（寛文3）年に新たな

図 1-8　有珠海岸の飛来溶岩（遠くに有珠山が見える）

噴火が起こり、再び活動期に入りました。これらについては、第2章で説明します。

5　古有珠湾の形成と漁業環境[11]

有珠山の形成第2期に起こった山体崩壊による溶岩の流下は、有珠湾および有珠地域に大きな影響をもたらしました。その形跡は、1万6000年たった今でも至るところで見ることができ、「地球の変動」の大きさを想像することができます。

有珠海岸は貴重な遠浅海岸であり、昔から夏は海水浴客でにぎわってきました。この海岸は、有珠山噴火の際に流れ出た岩石が点在しており、それが豊かな水産資源をもたらす漁礁（魚などの棲み家）となってきました。

現在においても、さまざまな貝類や昆布、ワカメ、

図 1-9　有珠山南麓石取り場の溶岩斜面

ウニなどの豊かな海洋生物が成長しやすい自然環境が保たれ、有珠善光寺自然公園と隣接して、一つの豊かな自然環境圏を形成しており、維持保全を継続すべき貴重な環境資産といえます。（図１－８参照）

有珠海岸および有珠湾の自然環境や海洋生物の豊かさを背景として、この地域では、縄文早期の終わりから縄文前期（６０００年前～５０００年前）にかけて人々の生活があったことが貝塚などから確認されています[11]。

有珠山周辺の自然環境は、火山地形の特徴が支笏湖や屈斜路湖周辺のカルデラ地形と比較され、その地質学的調査や人類学的調査結果と相まって、重要な地域となっています。火山岩屑流下物は、有珠善光寺周辺など有珠地域に多く残存して、噴火の跡を示しているとともに、前述した「流れ山」地形も多く確認できます。また図１－９に示すように有珠山周辺の火山灰や

図 1-10　大臼山神社のシナノキ

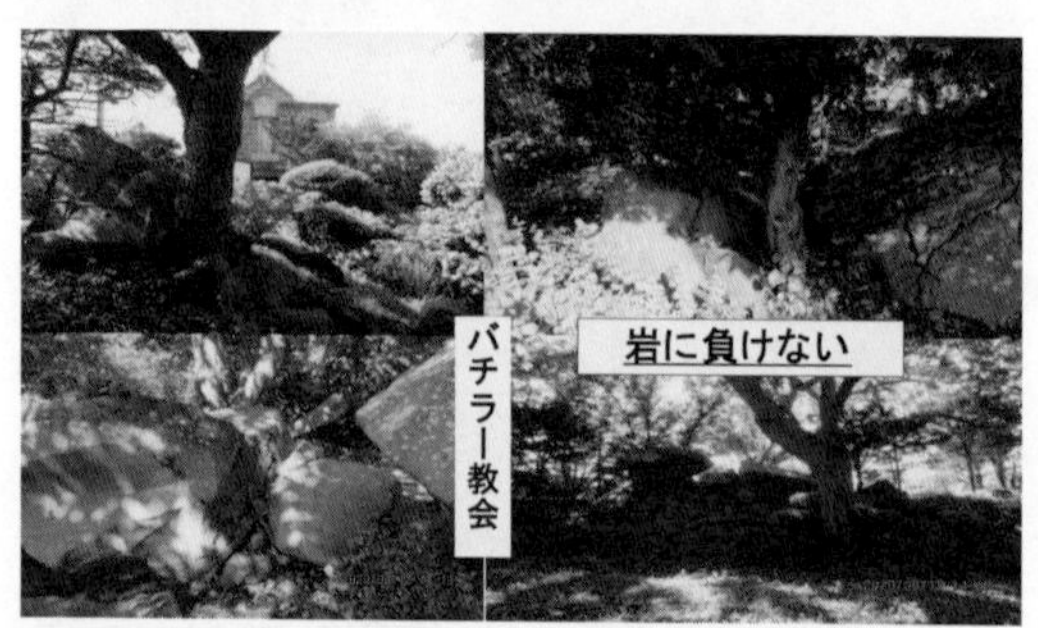

図 1-11　バチラー教会の樹木

図 1-12　有珠善光寺自然公園内の樹木

図 1-13　古有珠湾の地図

山体の固い溶岩などは、大量に分布していますが、これらは建設資材として利用されています。

　また注目すべきは、大臼山神社裏のシナノキ（図1－10）や、バチラー教会（図1－11）および有珠善光寺自然公園内（図1－12）にある樹木の根元にあるごつごつした黒い岩石です。これらは有珠山が山体崩壊を起こした大噴火の際に、山から飛んできた溶岩の一部です。岩の割れ目に根を伸ばし成長する樹木の姿から、大地の歴史とともに、自然の持つ生命力を感じ取ることができます。

　そして、いまから約7000年前頃には、日本全国で海水面が上昇した「縄文海進」が起こり、有珠湾の入江はさらに深く陸地に入り込み、新たな環境が生まれていきました。

　有珠山周辺の地理的環境は、当時のアイヌの人々の居住生活やその後の開拓の歴史と深く関わり、地

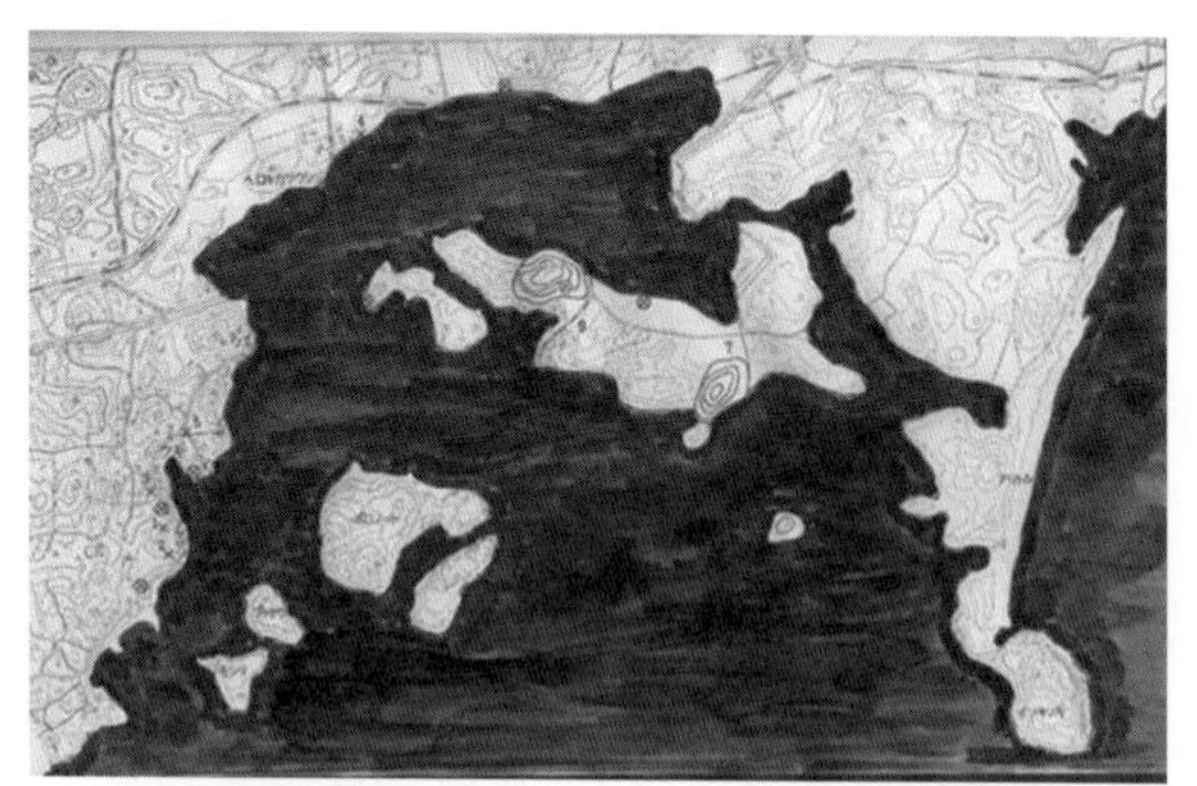
図 1-14　縄文海進時の有珠湾（1）

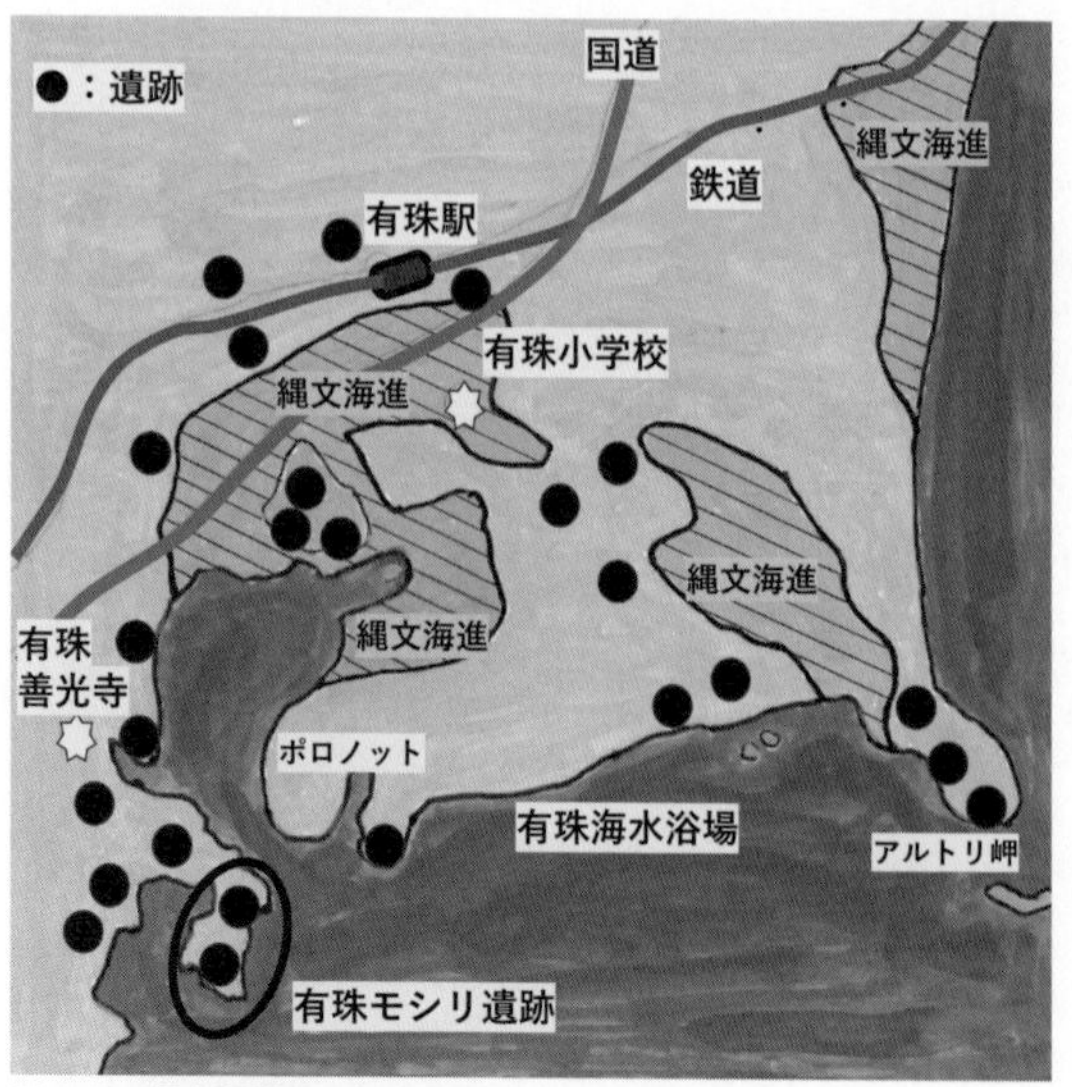

図 1-15　縄文海進時の有珠湾（2）

域の歴史的資産としての重要性が高く、地域の歴史として永く後世に伝える必要があります。（図1－12、図1－13、図1－14、図1－15参照）

＊＊＊＊＊＊

コラム1　生命誕生と人類の歴史　有珠の縄文人はどこから来たのだろうか？

2021（令和3）年7月に「北海道・北東北の縄文遺跡群」が、世界文化遺産として登録されました。伊達市では有珠町（有珠モシリ遺跡）や若生町（若生貝塚）や北黄金町（北黄金貝塚）で、縄文時代前期（約6000年前）から、縄文人が住んでいたことが、近年の発掘調査によってわかっています[12]。（表1－4）

これらの地域に住んでいた縄文人は、どこから、どのようにしてこの地にやってきたのでしょうか[13]。

それを語る前に、地球上でどのようにして生命が誕生し、人類へと進化発展してきたのかを振り返ってみましょう。

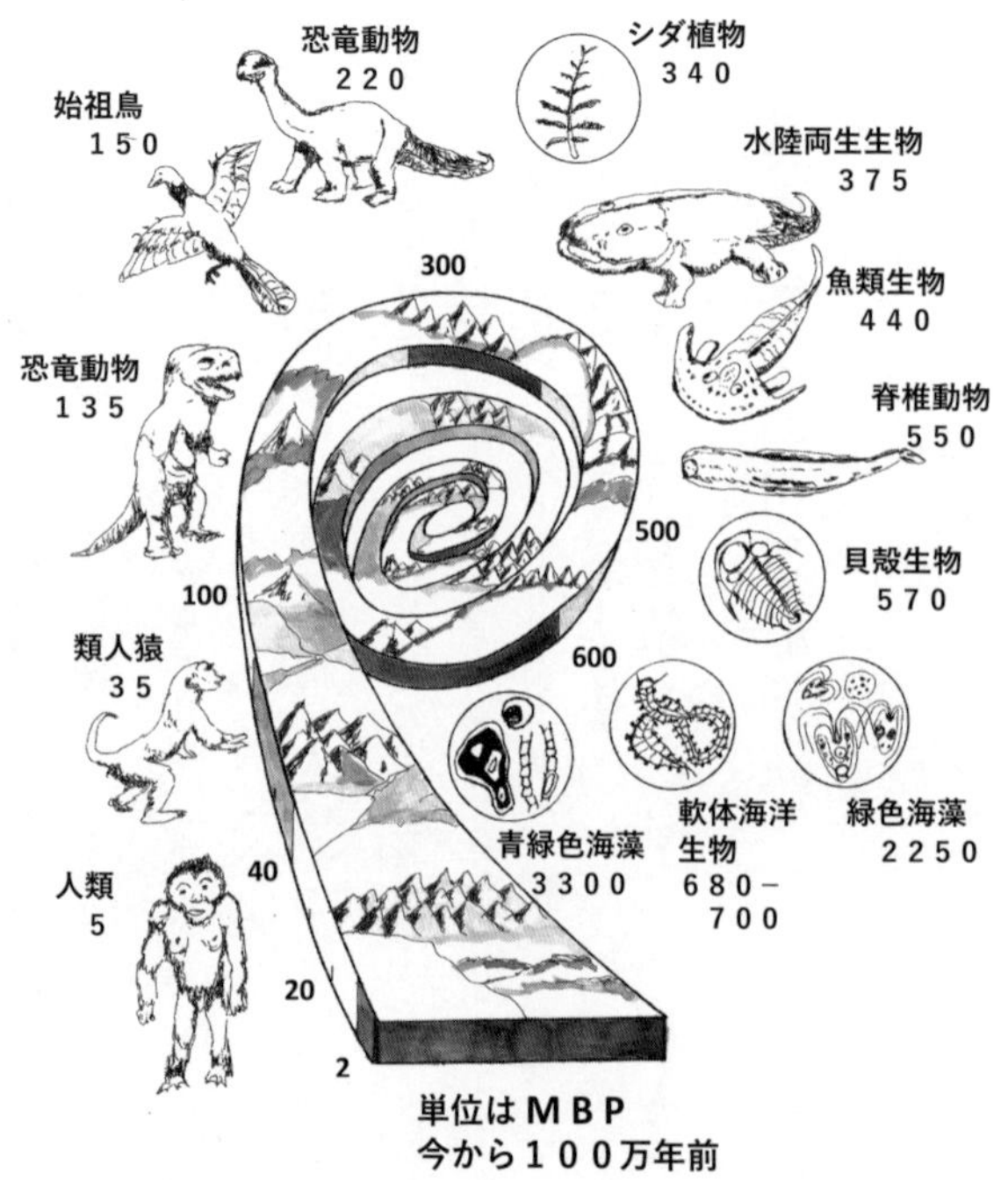
恐竜動物
２２０
シダ植物
３４０
始祖鳥
１５０
水陸両生生物
３７５
300
魚類生物
４４０
恐竜動物
１３５
脊椎動物
５５０
500
貝殻生物
５７０
100
類人猿
３５
600
軟体海洋
生物
６８０－
７００
緑色海藻
２２５０
青緑色海藻
３３００
人類
5
40
20
2
単位はＭＢＰ
今から１００万年前

図 1-16　生物の進化

(1) 生命の起源(14)

地球上の生命の発生と起源は、次の3つの段階に分けて考えられています。

①単純な有機化合物の生成
②複雑な有機物であるタンパク質の生成
③物質とエネルギーの出し入れをする物質代謝

この中で一番重要なのは、第3番目の段階で、第2段階でできたタンパク質の「塊(かたまり)」が海中で成長し、周囲の海水との間で、不要な物質を出し入れする「物質代謝」と呼ばれるプロセスへと移行します。この働きは、今でも植物性プランクトンの発生から知ることができます。

(2) 生物の進化

海中で発生した前述の生命はその後、長い時間をかけて動物性プランクトン、魚類、両棲類、爬虫類、恐竜、哺乳類、類人猿、人類へと進化・発展してきました。

19世紀の後半に活躍したイギリスの博物学者、チャールズ・ダーウィン(1809—

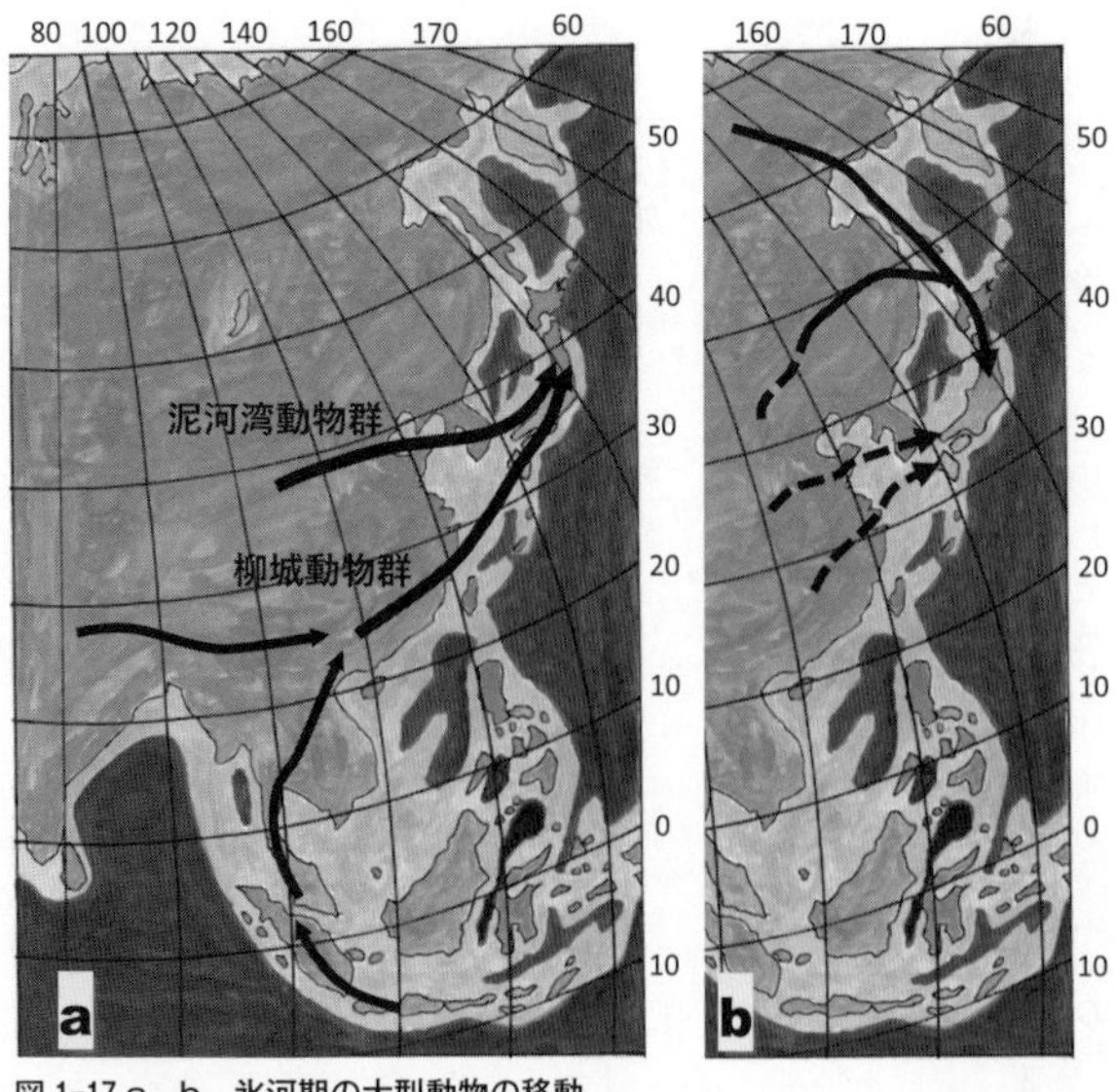

図 1-17 a、b　氷河期の大型動物の移動

1882）は、「進化論」を唱えて、図1－16に示す生物の進化発展の歴史をわかりやすく説明しました。

（3）氷河時代の大型動物群の移動

図1－17のa図およびb図には、更新世早期（約260万年前から約100万年前）に大型動物が日本に到達した2つの経路が示されています。ひとつはインドやマレーシア、インドネシア方面から中国華南の柳城地方を経由したルート。そしてもうひとつが、華北地方の泥河湾を移動して日本に到達したルートです。

また、図1－17のc図とd図で

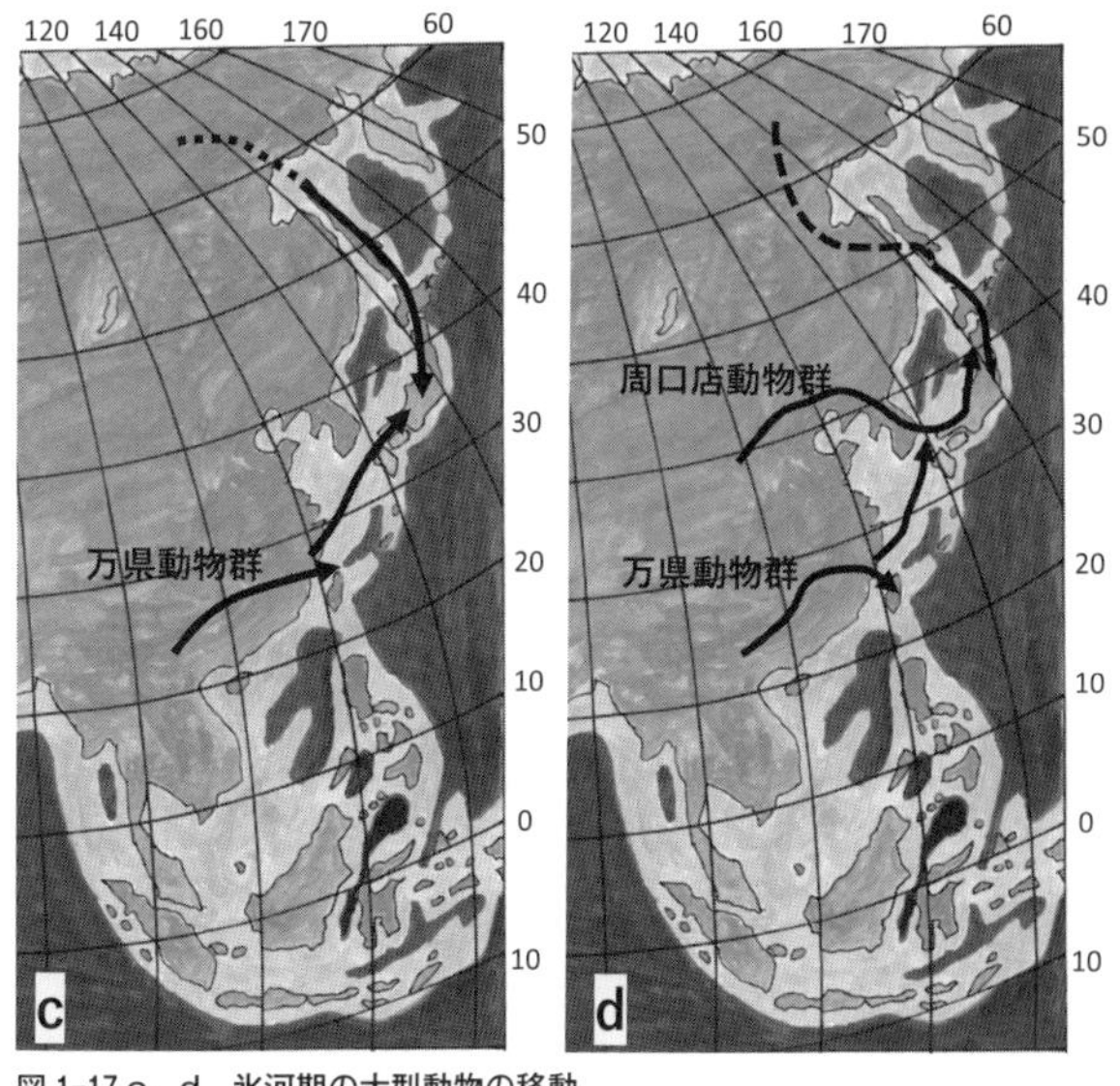

図 1-17 c、d　氷河期の大型動物の移動

は、更新世中期のかなり寒冷なミンデル氷期に、中国南部の万県地方の凍結した河を利用して日本へと移動したルートと、中国華北の周口店地方の河上を経由して到達したルートを示しています。

また図1−18では、ミンデル氷期とリス氷期の陸域が示されています。大陸と周りの多くの島々が陸続きのようになり、ゾウなどの動物が凍結した大きな河を渡り、遠方まで移動しました。（図1−19）

日本で発掘された化石の分析から、こうした動物たちは、ゾウの他にヒョウ、ヒグマ、イノシシ、サイなどがいたことがわかっています。

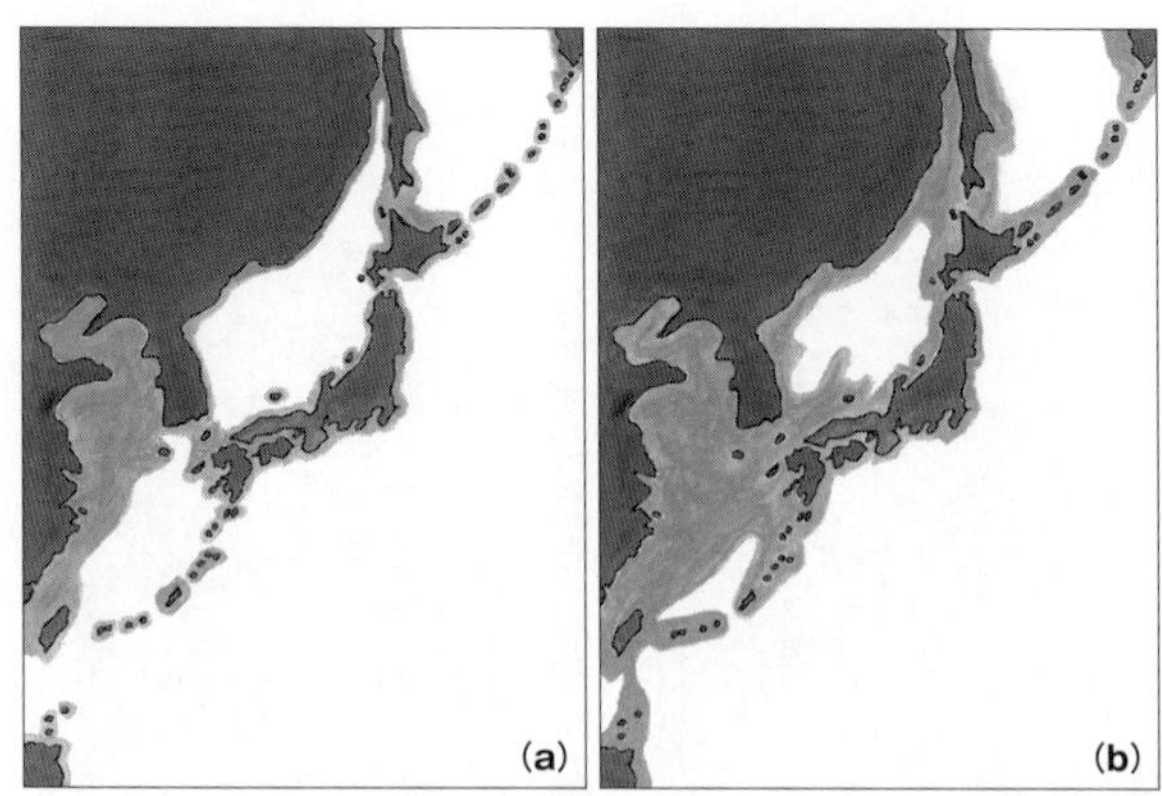

図 1-18　ミンデル氷期（a）とリス氷期（b）

図 1-19　氷河期の想像図

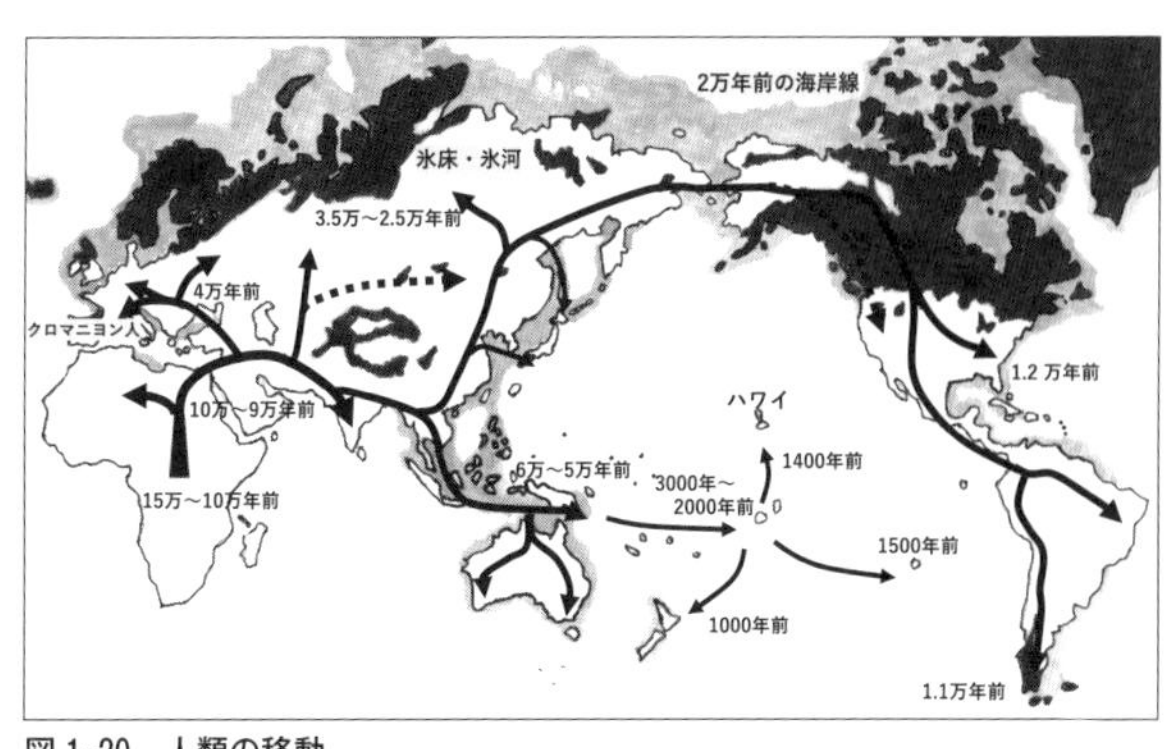

図 1-20　人類の移動

（4） 人類の移動と縄文人のルーツ

現在の人類は、表1－4に示したように約15万年から10万年ぐらい前に発生した、旧人類のネアンデルタール人系が姿を消したあと、アフリカ南部のルワンダ地方で発生した新人類クロマニョン人系が、進化したものだといわれています。

この新人類が世界中を移動して、現在の世界各地の人種を形成していることが、最近のＤＮＡ分析からわかってきました。

この人類が、前述のような大型動物を追いかけて、図1－20に示すように、東アジアを経由して日本にも到達し、縄文人の祖先となったといわれています。

このような壮大な地球の営みの中で、有珠の歴史もあり、私たちの現在の暮らしにもつながっているのです。こうした歴史に興味を持った皆さんは、これを機会にさらに知識を深めてくれることを期待しています。

参考文献

（1）『日本列島』湊正雄、井尻正二著（岩波新書・1976年4月第三版）
（2）「洞爺カルデラの形成とその噴出物」池田稔彦、勝井義雄著（文部省科学研究費報告書・1986年）
（3）「洞爺噴火の年代値」東宮昭彦、宮城磯治著『火山』第65巻・第1号（2020年）
（4）「有珠山～最近の研究成果と火山活動の現状～」北海道火山勉強会（2019年10月）
（5）「Catastrophic sector collapse at Usu volcano, Hokkaido, Japan, Failure of a young edifice built on soft substratum」Goto et al.『Bulletin of Volcanology』Vol.8, 37,（2019年）
（6）『有珠山　その変動と災害』門村浩、岡田弘、新谷融編著（北海道大学図書刊行会・1988年6月）
（7）『地球の歴史（改訂版）』井尻正二、湊正雄著（岩波新書・1965年3月）
（8）『有珠山　岩波地球科学講座7』勝井義雄著（1979年）
（9）「有珠山噴火災害電子アルバム」北海道開発局室蘭開発建設部（2000年）

（10）「2000年有珠火山の噴火とその被害」廣瀬亘、田近淳著『応用地質』第41巻・第3号（2000年）
（11）『新稿伊達町史　上巻』渡辺茂編著（三一書房・1972年2月）
（12）「縄文時代の大規模集落遺跡群―若生2遺跡―の発掘調査」永谷幸人著（伊達市噴火湾文化研究所ニュースレター『噴火湾文化』Vol.14・2020年3月）
（13）『日本の古代遺跡41　北海道Ⅱ』野村崇著（保育社・1997年2月）
（14）『生命の起源と生化学』オパーリン著・江上不二夫編（岩波新書・1956年2月）

第2章

有珠岳登山と有珠山噴火の歴史と防災

本章では「有珠山」と「有珠岳」の両方を使い分けています。同じ山ですが、火山として自然科学的な内容の場合は「有珠山」を用い、一方で、歴史的、文化的で、人文科学的な内容の場合には、地域で親しまれた呼び名である「有珠岳」を用いました。

1884（明治17）年に開校した有珠小学校は、有珠岳の南側に位置します。1983（昭和58）年には、開校100周年の祝賀行事を盛大にお祝いしましたが、その後、平成、令和の時代を経て、伝統ある有珠小学校にも少子化と過疎という時代の波が押し寄せました。児童数が激減し、ついに2023（令和5）年4月に伊達西小学校と統合となり、138年の長い歴史に幕を下ろすことになりました。

有珠の峰高く　雲晴れて　輝く徽章　六つの花
　進取自由の　旗高き　我が学舎に　光あれ

これは有珠小学校の校歌です。同校の卒業生のひとりとして、この校歌がもう歌われなくなるのは、とても残念です。

1　菅江真澄の有珠岳登山⑴

筆者が通った有珠小学校や、有珠中学校（平成22年閉校）では、学校遠足の時に有珠岳（当時の標高は725メートル、現在は737メートル）によく登山しました。

この有珠岳（有珠嶽）については、前章にも記述しましたが、近代では江戸時代の1663（寛文3）年以来、ほぼ30年から50年間隔で噴火したので、日本の中でも「噴火する火山」として有名でした。

有珠岳の一番古い登頂記録は、江戸時代の国学者、菅江真澄（すがえますみ）（1754－1829）（図2－1）が書いたものです。真澄は1791（寛政3）年に、松前藩を経由して秋田から有珠岳登山を目指し、紀行文「えぞのてふり」(2)に書き残しました。

図 2-1　菅江真澄

その書き出しの文章に、

「ひんがしのゐみしらがすむ、うな（海）のあら磯に、臼のみたけ（有珠岳）とて、人のたふとめるいや高き山なんありと聞て、まゐりのぼらまくおもいたちて、この夜明なば出たゝむ」とあります。

また、この年の6月10日付の日記には、アイヌに案内され苦労して有珠岳頂上に到達し、

「この山の臼（ウス）の形したれば、宇數（うす）てふ名の高く聞えつるとおもいしかど、蝦夷の詞（こ

図 2-2　有珠善光寺勤行登山の様子（昭和 34 年）
㈱国書刊行会『ふるさとの想い出写真集』明治 大正 昭和「伊達」より

とば）にはウシヨロノ・ノボリとこそいふなれ」と、感想を述べています。

この時、真澄は、有珠岳のふもとの有珠善光寺も訪れています。第4章で後述しますが、有珠善光寺は、平安時代に比叡山の僧侶、円仁によって開かれたと伝えられており、1804（文化元）年には、江戸幕府によって蝦夷三官寺の一つとして定められたことで知られています。真澄が訪れた時は、まだ官寺ではありませんでしたが、松前藩や地元の人々などから鎮守の場として大切にされていました。有珠善光寺は、有珠岳を霊山として崇め、1821（文政4）年より、「勤行登山」として毎年登山をしている記録があります。図2－2の写真は、1959（昭和34）年に「勤行登山」で、登頂した時の記録写真です。

菅江真澄は、三河の国（現在の静岡県）出身で48歳から76歳で亡くなるまでの28年間を秋田藩内で暮らしました。真澄は、人生の多くを旅の中で過ごし、秋田領内を広く歩いて、土地の様子と歴史を記録し、和歌も多く詠みました。さらに医学（薬学）や国学も学び、職業人としては医師（薬師、くすし）でした。

真澄が育ったころの日本では、儒教や仏教より、国学や蘭学を学ぶ機運が高まっていました。その頃、北海道（蝦夷）では、松前藩による場所請負制度の下、近江商人らがアイヌの人々との交易品や産物を北前船で大坂などに運び、大きな富を得ていました。

真澄は、蝦夷に興味を抱き、35歳になった1789（寛政元）年に、ついに念願の蝦夷地に渡ることができました。松前を拠点に、渡島半島沿岸や噴火湾の沿岸を回り、アイヌの村に泊まり、人々の生活を細かく観察し記録しました。時にはアイヌの人々に治療もしたといいます。その記録が「えみしのさえき」、「えぞのてふり」などの資料として残っています。

有珠地域に旅した時の内容は、「えぞのてふり」に詳しく記載されていて、当時の有珠地域の様子がはっきりよみがえってくるように書かれています。

2　イザベラ・バードが見た有珠岳[3][4]

19世紀のイギリスで活躍した、旅行家イザベラ・バード（1831－1904）（図2－3）は、幼いころから乗馬や旅に親しみ、観察眼を養い、植物などの自然や歴史、地理、そして宗教、社会などあらゆることに好奇心を抱く女性でした。22歳の時、初めての海外の旅として、アメリカとカナダを旅行し、旅行記を書いています。その後、キリスト教世界以外のアジアの旅に興味を持ち、1878（明治11）年5月に日本にやってきます。

バードは、来日から1カ月後に通訳兼従者として雇った伊藤鶴吉とともに、横浜から東京－北関東－会津－越後－山形－青森－北海道－関西と旅しました。行く先々で妹のヘンリエッタに手紙を出し、それをもとに、帰国後、旅行記「Unbeaten Tracks in Japan」（日本の未踏の道筋）を出版しました。この旅行記によりバードは、イギリスで偉大な旅行家のひとりとして認められることになりました。その後、旅行記は、『日本奥地紀行』のタイトルで翻訳出版され、江戸時代の名残を色濃くとどめながら、文明開化が進みつつある東日本・北日本の様子を生き生きと伝えています。

有珠を訪れたのは、同年9月のことで、最初の目的地だった平取からの帰りのことでした。当時はまだ存在していた有珠会所に宿泊し、当時の有珠地域の自然の美しさを紹介す

図 2-3　イザベラ・バード

るとともに、地域の人々の生活の様子や有珠善光寺の様子などを詳しく記録しています。[3]

有珠岳については、彼女は山頂までは登りませんでしたが、旅行記[3]に次のように述べています。

「その姿は、〈火山なるもの〉の神々しさをはるかにしのぐものだった。幕のように広がる手前［の山腹］には谷や沢の深い切れ目がいくつも刻まれ、真昼の太陽の下でさえ光が射さずに紫色の陰になっていた。（中略）とくに幕のように広がる山よりも高い地点に至った時にはよく見えた。」

ここに書かれた「山よりも高い地点」とは、長流川を伊達方面から渡った後、海岸まで迫り出すように広がる有珠岳の山麓斜面を、縫うように走る尾根の一地点と思われます。

有珠岳には、菅江真澄やイザベラ・バードのみならず、古くから秀峰の霊山として、多くの登山者が訪れてきました。また地元の有珠地域は、噴火の脅威にさらされながらも、有珠岳のお陰で多くの恵みを受けてきました。

2009（平成21）年に「ユネスコ世界ジオパーク」に指定された「洞爺湖有珠山ジオパーク」は、有珠山をはじめ、昭和新山、洞爺湖、縄文遺跡など、大地と人々の歴史を身近に学べる、道内唯一のジオパークとして国内外から多くの人々が訪れています。

表 2-1　江戸時代の有珠山の噴火[(5)(6)]

年代	噴火の内容
寛文 3 年 (1663) 休止期間 数千年	前兆地震継続期間が 3 日で、山頂付近から噴火した。噴出物は軽石、火山灰、火砕サージ（高温ガス）などで、小有珠溶岩ドームを生成した。多量の火砕物降下で家屋が埋もれ、焼失死者 5 人の災害。これらの内容は松前藩から江戸幕府に報告された「松前志摩在所山焼申儀注進之事」に記録が残っている。その記録によると、噴火の鳴音は遠く青森地方、山形地方まで聞こえた。
明和 6 年 (1769) 休止期間 106 年	この噴火の記録はあまり明らかではない。噴火地点は山頂付近で、降下軽石、火山灰、火砕流が発生し、火砕流で南東麓で家屋の火災が発生した。
文政 5 年 (1822) 休止期間 53 年	5 日間の前兆地震継続期間があり、山頂付近で噴火。噴出物は軽石、火山灰、火砕流で、「オガリ山」潜在ドームを生成。また火砕流で南西麓の 1 集落全焼、死者 59 人、負傷者多数で、集落を移転することになった。噴煙はこの日の北東の強風にあおられて地上を渦巻き、長流（今の長和）から虻田方面まで死傷者 103 人、官設牧場の放牧馬 2668 頭のうち 1437 頭が死亡または行方不明となる。
嘉永 6 年 (1853) 休止期間 31 年	10 日間の前兆地震継続期間の後、山頂付近から噴火。この時の噴火で山頂に「大有珠」溶岩ドームが生成。噴出物は軽石、火山灰、火砕流で、有珠住民はかなり遠くまで避難した。

3　近世以降の有珠山噴火

有珠山は、数千年の眠りののち、江戸時代から現在に至るまで計8回の噴火を繰り返してきました。**表2－1**に示している江戸時代の噴火では、松前藩から幕府への報告などの記録から、前兆地震や噴火と被害の内容などを知ることができます。

また**表2－2**の明治以降の噴火については、さらに詳しい記録が残っており、噴火の様子を知ることができます。このように有珠山は近世になって火山活動が再開。２０００（平成12）

表 2-2　明治以降の有珠山の噴火[5][6]

年代	噴火の内容
明治 43 年 (1910) 休止期間 57 年	6 日間の前兆地震継続期間の後、北麓付近（洞爺湖側）から噴火して、「明治新山」潜在ドーム（四十三山、よそみやま）を生成した。1 日に何十回もの鳴動があり、戸や障子が外れ、壁が崩れ落ちるほどの激震（最大マグニチュード M5.1）もあった。火砕物降下で山林、耕地に被害が発生、泥流で死者 1 人を出した。またこの噴火の影響で温泉が噴出したため、洞爺湖温泉ができるきっかけとなった。
昭和 18 年 (1943) 休止期間 33 年	6 カ月の前兆地震継続期間の後、東麓方面で噴火・隆起し、「昭和新山」溶岩ドームが生成された。噴出物は多量の軽石、火山灰、火砕サージ（高温ガス）で農作物に大きな被害が発生した。この昭和新山の隆起の際に、当時の郵便局長三松正夫氏が隆起の様子を細かく記録し、「三松ダイアグラム」と呼ばれる図面を作成したことが有名。
昭和 52 年 (1977) 休止期間 34 年	約 32 時間という短い前兆地震継続期間の後、「有珠新山」潜在ドームを生成する噴火が山頂付近から発生した。軽石、火山灰などの火砕物降下、地殻変動、泥流などにより、市街地、耕地、山林などに大きな被害が発生し、死者行方不明者 3 人を出した。噴煙の高さは最高で 12,000 m にまで達し、降灰は道内 119 市町村にまで及んだ。
平成 12 年 (2000) 休止期間 23 年	群発地震が発生し、4 日間の前兆地震継続期間の後、北西山麓で噴火した。この噴火では噴石、泥流が発生するとともに、ドーム隆起があった。前回の噴火の教訓から、住民が事前に避難したため、人的な被害を発生しなかったことが、社会的に大きな成果として有名となった。

年の噴火を最後に、休止期間が続いています。図2－4には、これまでの有珠山の噴火の歴史の跡を残す地質図を示しています。

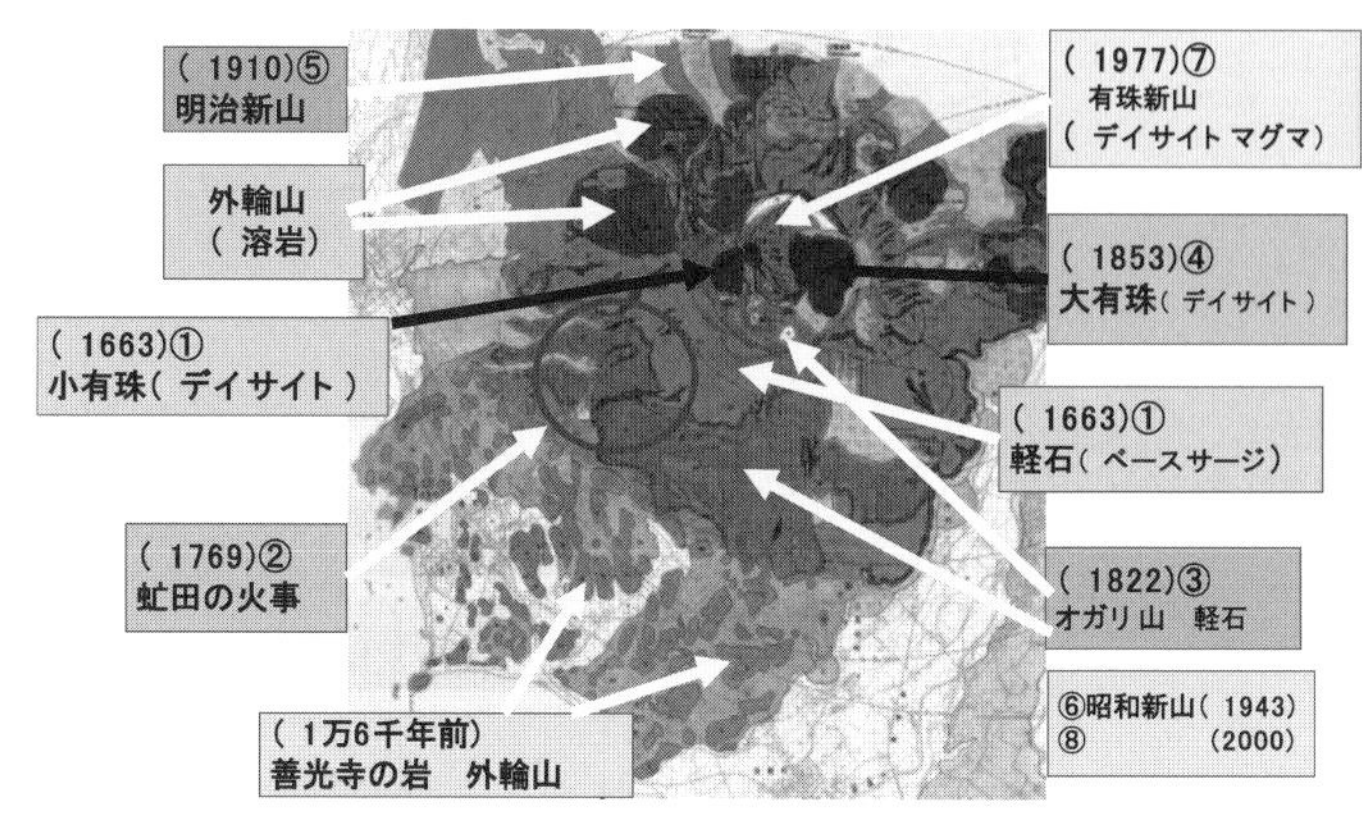

図 2-4　有珠山の地質図(6)

図 2-5　有珠山の噴火（1977 年）

図 2-6　現在の有珠山と昭和新山

4　1977年の有珠山噴火[5]

1977（昭和52）年の有珠山噴火に関しては、その後の調査研究によって、有珠山の内部構造およびその噴火のメカニズムに関する、多くのデータが収集・報告されています。

最初に異変に気がついたのは、壮瞥温泉地区と昭和新山地区の住民でした。はるか遠くの方で大砲のような音が聞こえ、地下深部から、床を突き上げるような鋭く短い上下動の震動を感じたといいます。

筆者もこの時、有珠に滞在しており、地盤の揺れを、当時まだ運航していた青函連絡船に乗っているように感じたことを覚えています。こうした噴火前の地震現象は、江戸時代以降の記録でも確認されていますが、前兆期間には、ばらつきがあるようです。この時の噴火は、前兆期間が約32時間と極端に短いものでした。

図 2-7　1977（昭和 52）年の噴火

図 2-8　1977 年の噴火ー発生した有珠新山ー

さらに別の前兆現象として、昭和新山と有珠山山頂を結ぶロープウェイのケーブルの長さが18メートルも短くなったことが報告されています。これは、毎朝実施されるロープウェイの安全確認のため、ケーブル長の計測からわかったことで、原因は、マグマの上昇により、外輪山が外側に膨張して発生したものでした。

噴火後は、噴火前にあった美しい銀沼が噴火口に変わり、有珠山の山体が大きく変貌しました。新しく生成した有珠新山の写真を図2－8に示しています。

今後、噴火と避難を考える上で重要なことは、さまざまな前兆現象を冷静に分析して、噴火の規模や予想される噴火の位置などの正確な情報に基づいて、避難計画を立案することです。

5　雲仙普賢岳噴火被害の教訓[7]

１９９０（平成２）年11月に始まった雲仙普賢岳の火山噴火は、１９９５（平成７）年5月まで4年半も続きました。この噴火で死者・行方不明者43人という多数の人が犠牲になったことから、火山噴火に対する大きな教訓を残しました[7]。

亡くなった方の中には、３人の外国人火山研究者や消防隊員、マスコミ関係者、地域住民なども含まれており、その後の調査研究から、避難への的確な判断や避難情報の伝達の仕方が課題となりました。

具体的な提言として以下の５つが挙げられました。

①防災施設の対策と並行して、火砕流などから人命を守るために、警戒区域を設定するとともに、安全管理マニュアルを作成することが効果的である。
②火山対策には想定噴火規模別のハザードマップが役に立つ。
③住民の避難情報の伝達や避難体制の整備が必要である。
④噴火の特性、火山災害予測（火砕流・土石流・山体崩壊などの予測）を踏まえた上で、ハザードマップや避難シミュレーションなど、周辺地域の防災のあり方を確立する必要がある。

⑤これらの成果に基づいて、活火山地域におけるまちづくり対策を検討し、実効性のある地域防災計画や復興計画のあり方を検討すべきである。

6 有珠山噴火と防災避難対応の課題⑧

表2－1と表2－2ように有珠山は約30年から50年間隔で噴火しています。直近の有珠山噴火は、2000（平成12）年3月に始まり8月に終了しました。

この時の噴火も含めて、有珠山では、過去8回の噴火はすべて前兆現象の有感群発地震が発生しています。これはマグマの粘性度が高いために、前兆地震を伴うものと考えられています。

そのため、こうしたマグマの上昇に伴う前兆現象の情報を的確に判断して、災害を最小限にとどめる防災の判断が重要です。気象庁では、北海道の有珠山を含めた9火山で、常時観測・監視を実施しており、必要に応じて「火山防災情報」を発表することにしています。30年以上経過すると、前回の災害経験者が少なくなり、世代を越えて教訓が生かされることが難しくなってきます。有名な寺田寅彦の名言「天災は忘れた頃にやってくる」をあらためて思い起こす必要があります。

（1）２０００年の噴火から22年経過　―次の噴火への備え―

２０００（平成12）年に起きた噴火では、有珠山北西麓で噴石、火砕サージ（高温ガス）、地殻変動、熱泥流などが発生しました。またマグマが浅いところに上昇してきて、地面を持ち上げ、断層をつくり、溶岩ドームをつくりました。その最大隆起量は約80メートルでした。また前兆現象として４日間火山性地震が発生し、新しい断層・地表隆起が山頂西部や北西麓で発生したことから、当初は、噴火地点が山頂西部付近から北西麓と予測されました。しかし、実際には北西麓で噴火が発生しています[9]。

この噴火から22年が経っており、次の噴火への備えが必要です。

（2）過去の避難の歴史から学び、噴火に備えた事例[5]

過去の成功例として、１９１０（明治43）年の有珠山噴火の際の避難例を紹介しましょう。事前避難を実現できたのは、当時、室蘭警察署長だった飯田誠一氏の予測が大きな役割を果たしました。

なぜ飯田氏が噴火を予測できたのか、その理由はいくつかあります。第一にマグニチュード4・5以上の地震が3日間続き、異常現象が発生したこと。第二に過去の4回の噴火はいずれも山頂噴火で、群発地震が噴火の前兆だったこと。第三として、飯田氏が東京の警察学校で、地震学者の大森房吉博士の講義を受けていたこと。第四に飯田氏個人の使命感から、天災の予防防災に努めるため、関連する本をよく読んでいたこと。さらに飯田氏は、前年（1909年）の樽前山の大噴火の際に、住民避難を実行した経験がありました。

飯田氏は、町会議員らに噴火予測の科学的根拠とこれまでの実績を示し、町ぐるみで避難行動をとることができたのです。

有珠山は、住民が避難したあとの1910年7月25日についに噴火します。温泉街から300メートルの至近距離に45個以上の噴火口が開口し、明治新山が発生しました。

後日談で、飯田氏はこの時、辞職覚悟であったと述べています。こうした飯田氏の必死の行動と、日頃からの備えと積み重ねてきた知識が、大惨事から住民を救ったことは間違いありません。

（3）住民避難判断の難しさ⑽

では2000年の噴火の際はどうだったのでしょうか。『2000年有珠山噴火』（北海道新聞社編、2002年7月）では、住民の避難対応の難しさが、さまざまな側面から詳細に報告されています。

例えば、避難指示が出ていたにも関わらず、「おれはここで死ぬんだ」と言い張り、避難を拒む有珠地区に住む男性に対して、菊谷秀吉伊達市長が「おじさん、頼むから逃げてくれ」と頭を下げてお願いする場面が紹介されています。最終的には、市長の必死の努力もあって、有珠地区全員が避難することができました。しかしそれは、噴火が発生した3月31日午後1時よりたった一日前の3月30日午後2時のことでした。

地域住民として避難する必要性が発生しているときに、いかに判断すべきなのか、避難する住民の立場に立って考えてみたいと思います。

例えば気象庁の気象予報は近年、予測コンピュータの性能や判断機能が向上し、その精度は非常に高くなりました。

降雨の確率は、気圧配置と実際に降った雨に関する過去の大量のデータから計算して公表されています。さらに近年は「線状降水帯」（雨雲の帯）の発生による、豪雨災害が全国各地で発生していますが、豪雨災害発生の可能性やその際の事前避難の対応は、気象庁の豪雨予測が大きく貢献しています。このように明らかに危険の予測精度が高い場合には、住民はその情報を信頼して自らも疑問なく判断できます。「雨が降る」と予報された場合には、私たちは必ず「傘」を持って外出します。それは、こうした天気予報を信じているからです。

これに対して、大きな地震発生の予測や大洪水被害の予測などでは、予測技術や予測精度にまだまだ課題があり、火山噴火の予知も同じような課題があります。

住民の独立心が強いアメリカでは、大規模災害時には「Mandatory Evacuation（法令に基づく強制的避難命令）」が発令されるシステムがあり、大統領や州知事が対応します。日本では災害レベルの大きさに応じた危険度の段階別対応や、ハザードマップの住民への連絡、さらには「避難準備」、「避難勧告」、「避難指示」などの対応が用いられています。したがって、地域住民の「避難判断」としては、できるだけ科学的で的確な危険情報の収集・伝達に基づいて、地域住民間のコミュニケーションを有効に活用して、被害を最小限にとどめる判断をする必要があります。

図2－9は伊達市の有珠地域に関係する有珠山山麓噴火の危険区域予想図ですが、「日常時」にこそ、「非日常」である「災害時対応」に備えておく必要があります。

山麓噴火の危険区域予測図

火口の位置によって危険区域は変わります！

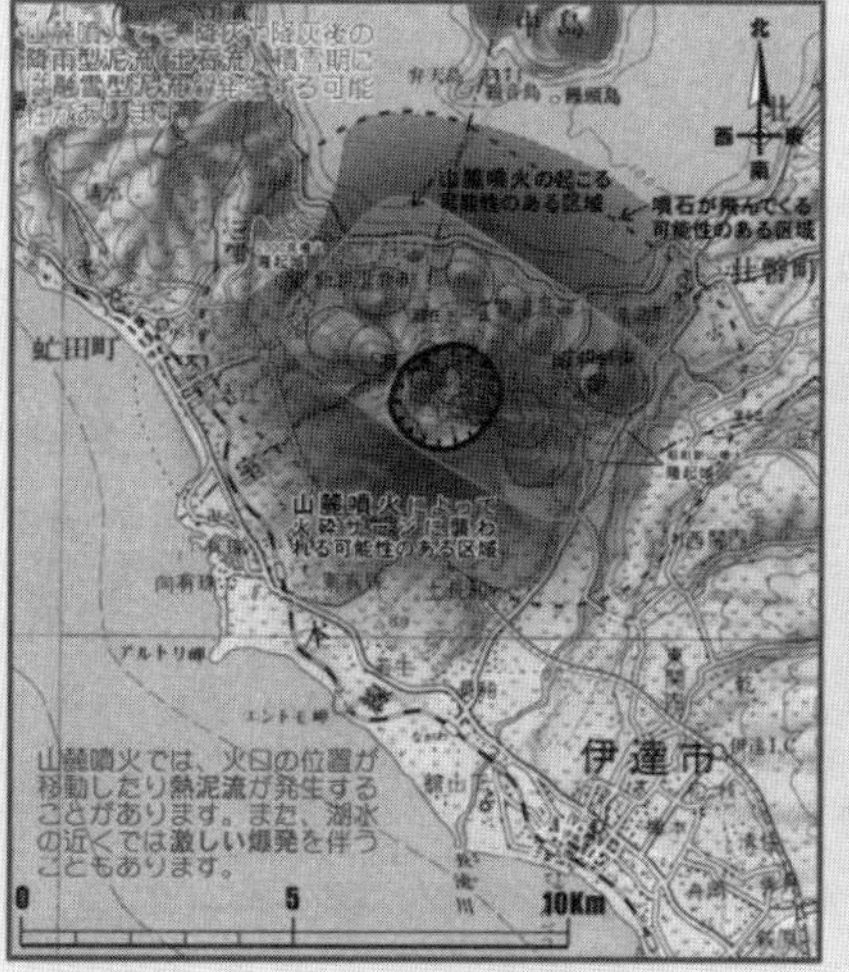

山麓噴火はある限られた地域で起きるので、この危険区域全体が同じように危険だということを示しているわけではありません。火口の位置については事前に特定することが出来ないので**昭和新山噴火**と同じくらいの規模の「**山麓噴火**が起こる可能性のある範囲」の全域を総合して示してあります。実際の山麓噴火では、火口の位置によってこの図の一部分が噴石や火砕サージの危険区域となります。噴火がはじまった場合には、火口の位置にあわせた危険区域があらためて示されます。噴火の規模などによっても、危険区域の範囲は変わります。

図 2-9　噴火ハザードマップ（山麓噴火の場合）

参考文献

（1）「菅江真澄が歩いた阿仁鉱山」『秋田大学秋田鉱業史研究所図録』秋田大学ＣＯＣ事業阿仁鉱山文化収集資料（秋田大学国際資源学部附属鉱業博物館、２０１５年4月）

（2）『えぞのてふり』菅江真澄著　寛政4（１７９２）年

（3）『完訳　日本奥地紀行3 北海道・アイヌの世界』イザベラ・バード著、金坂清則訳注（平凡社、２０１２年11月）

（4）『イザベラ・バード紀行「日本奥地紀行」の謎を読む』伊藤孝博著（無明舎出版、２０１０年8月）

（5）『有珠山　その変動と災害』門村浩、岡田弘、新谷融編著（北海道大学図書刊行会、１９８８年6月）

（6）有珠火山２０００年噴火特集号（２００１）有珠火山地質図第2版（２００７）産業技術総合研究所地質調査総合センター

（7）『雲仙火山災害における防災対策と復興対策』高橋和雄著（九州大学出版会、２０００年2月）

（8）「有珠山～最近の研究成果と火山活動の現状～」（北海道火山勉強会、２０１９年10月）

（9）「２０００年有珠火山の噴火とその被害」廣瀬亘、田近淳著『応用地質』第41巻第3号、２０００年

（10）『２０００年有珠山噴火』北海道新聞社編（北海道新聞社、２００２年7月）

第3章

古代有珠の人々の歴史

第1章で述べたように、アフリカ南部で発生した人類の祖先は、長い時間の間で自然環境が変化する中、大型動物などを追いかけて世界中に拡散しました。日本では旧石器時代に人が住んでいたことがわかっています。

北海道・有珠地域では、縄文晩期の遺跡が多数見つかっていることから、少なくとも約3000〜1700年前には、人々がこの地に住んでいたといわれています。それは同時に、〝噴火する山〟である有珠山とともに生きてきたということです。本章では、先史時代から日本および北海道における人類の歩みを辿りながら、有珠地域の人々がどのように暮らしてきたのかを探ってみることにします。

1　先土器（旧石器）時代の有珠

（1）人類の進化の歴史

人類が、サルとの共通祖先から枝分かれするのは、600万年〜700万年前のことで、地質年代では、新生代第三紀の後期にあたります。その後、第四紀更新世（洪積世）へと移行するなかで、人類は猿人から原人、旧人、そして新人（現生人類、ホモ・サピエンス）へと進化していきました。
　第1章でも述べたように、更新世には4回の氷河期と3回の間氷期がありました。ジャワのピテカントロプス（ジャワ原人）や中国のシナントロプス（北京原人）は、最初の間氷期に生きていたと考えられ、約50万年前の人類です。原人は、猿人に比べて脳が大きく、足が長く、膝が真っ直ぐ伸びて、二足直立の姿勢でした。アフリカからユーラシア大陸、オセアニアにかけての広い地域に住んでいました。これら原人は、現代のＤＮＡ分析の結果、環境変化などの影響で絶滅したことがわかりました。

　旧人は、ほぼ20万年から3万５０００年前の人類で、代表的には「ネアンデルタール人」の名が知られています。分布はヨーロッパ、西アジアに及んでいましたが、やはり絶滅しました。

　現在の人類に続いているのは、約20万年前にアフリカのカラハリ地方に出現した現生人類で、13万年前の気候変化の影響から、世界各地に移住を開始したことがわかってきました。地質年代でいえば、更新世（洪積世）後期のウルム氷期最盛期（最寒冷期）にあたり、後期旧石器時代に相当しています（図3―1）。この時代の人類で、広く知られている「クロマニョン人」は、北アフリカからヨーロッパへと拡大した一群で、ネアンデルタール人と同時期に、存在していたことがわかっています。なぜ、ネアンデルタール人だけが絶滅したのか。その理由について

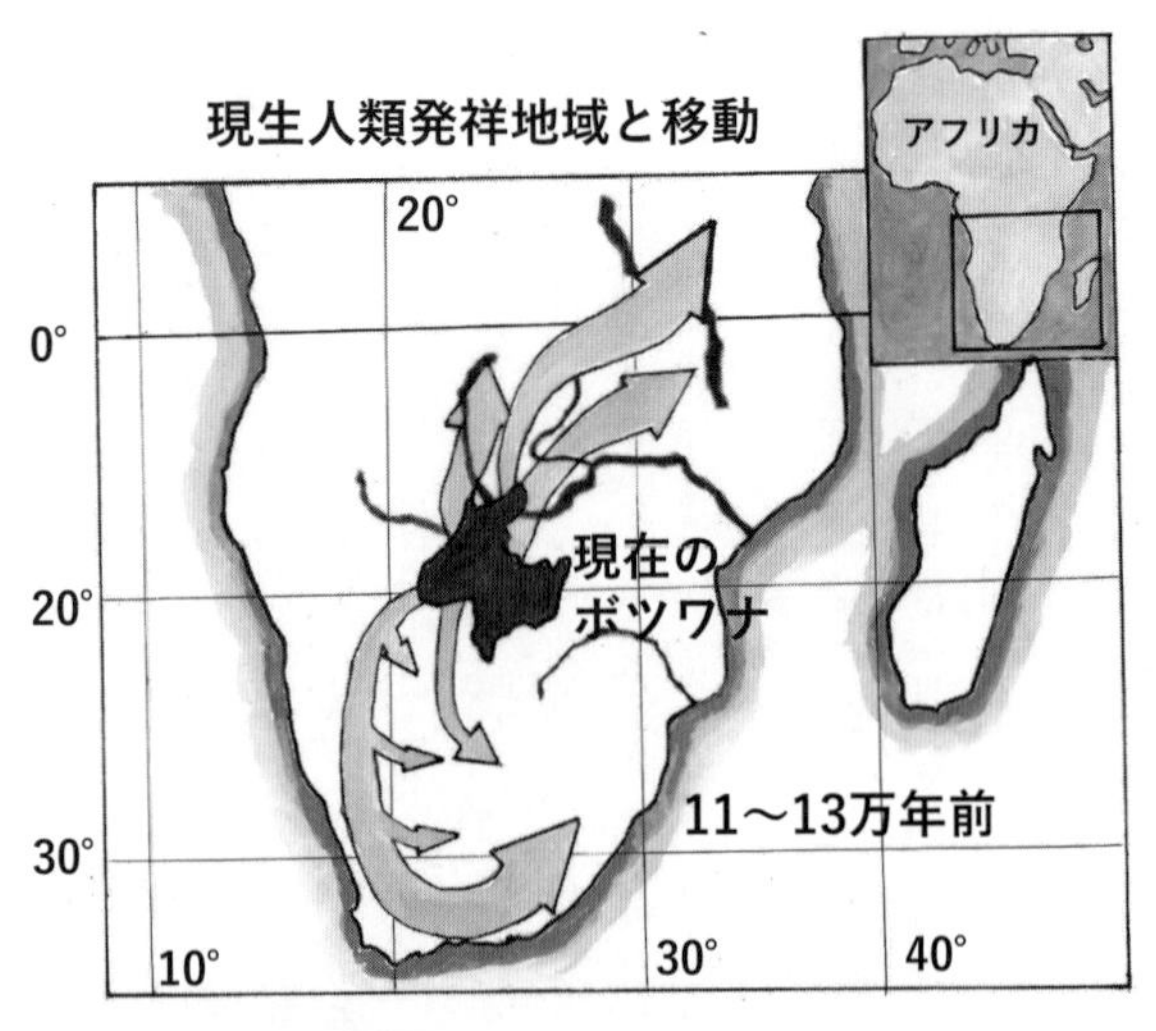

図 3-1　人類の起源と移動

は、さまざまな推測がなされていますが、はっきりとはわかっていません（図3－2）。

現生人類の発祥地と移住原因を初めて究明したのは、韓国基礎科学研究院（ＩＢＳ）気候物理研究団のアクセル・ティンマーマン団長率いる研究チームと、オーストラリア・南アフリカ共同の研究チームです。２０１９年に国際学術誌『ネイチャー』に「現生人類の最も古い血統は20万年前にアフリカのカラハリ地方で出現し、13万年前の気候変化によって移住を開始した」と発表しました。

考古学者らは、人類の起源を探るため、アフリカの人々のミトコンドリア

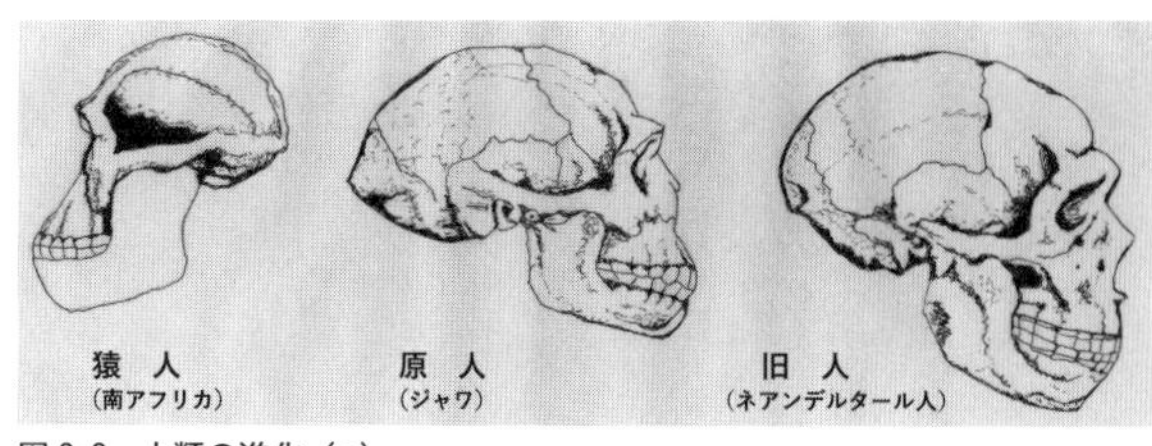

図 3-2　人類の進化（a）

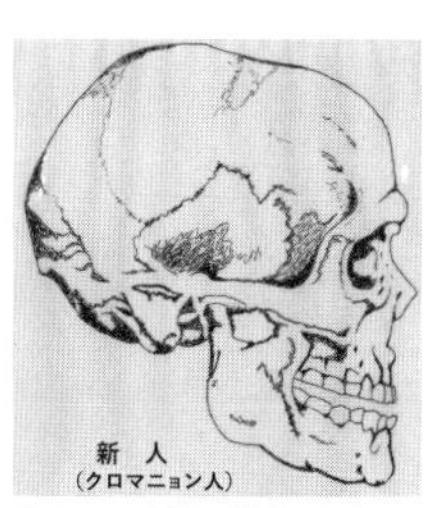

図 3-2　人類の進化（b）

DNAを追跡してきました。そして、これまでの研究で、およそ17万5000年前に、最初の母親がいて、その地域が南アフリカと推定されたのです。

さらに研究チームは、気候情報を含む海洋堆積物などを分析して、「現生人類の発祥の地は、当初は人の生活に適した湿地だったが、13万年前ごろに生存が難しい乾燥した地帯へと変わった」ことを見つけ出しました。厳しい環境下に置かれた人類は、乾燥地域から逃れ、カラハリ地方の北東（現在のザンビア・タンザニア地方）、雨がよく降って緑地が形成された地域へと移動し、5万年前以降にヨーロッパ、アジア、シベリアなどへと拡散していきます。さらに、およそ2万年後に再び南西（ナミビア・南アフリカ地方）の気候が住みよいものに変わると、その一部が戻ってきたこともわかっています。

（2）日本人のルーツと先土器時代

こうして世界へと人類が拡大していく中で、アジアに到達した一群を「原アジア人」といい、4万年から3万年前には、東南アジア地域にも住んでいました。その後、人口の増加につれて移動を始め、大陸伝いに北へのルートをとり、氷河期が終わるころ（約1万2000年前）には中国・揚子江の北にまで進出しました。（図1－20参照）

では、日本に人類はいつごろやってきたのでしょうか。現在、本州や九州などで発見されている人類の痕跡は、3万数千年前のものです。この時代は、更新世（洪積世）後期、つまり最終氷期にあたります。前述したように、この時期は、寒冷化により海水面が現在より100メートル以上低下し、北海道はサハリンを含む巨大な半島の一部となっていました。しかし一方で、津軽海峡、対馬海峡、沖縄の島々はすでに形成されていました。そのため、本州や九州に最初に移動してきた人々は、大陸から舟を使って海を渡ったのではないかと考えられています。

一方、陸続きだった北海道には、およそ2万年前に人類がやってきたと考えられています。この時代の気温は今日の平均気温より摂氏7〜8度くらい低く、海水面は100メートルくらい低下していました。そのため、深さ60メートルの宗谷海峡や深さ10メートルの間宮海峡は陸続きで、マンモスなどの大型動物が大陸から移動できました。こうした環境の中で、人類はマンモスを追いかけて、シベリアやモンゴル地方などを経由し北海道へと進出してきたようです。

北海道・日高の襟裳岬では、マンモスの臼歯が発見されており、シベリアに多く住んでいた動物が北海道にも来たことを証明しています。人骨はまだ発見されていませんが、寿都、滝上、白滝、遠軽、生田原、置戸、ニセコ町などでは、洪積層からブレード（石刃）、ポイント（尖頭石器）、舟底型石器などの最も原始的な、無細工の石器が発見されていて、ユーラシア大陸、特に中国北部の黒竜江沿岸との関係が深いことがわかります。北海道・十勝の忠類地区では、マンモスより古い動物としてナウマン象の足跡化石（12万年前）や4万5000年前の骨格化石が発掘されています[1]。

いずれにしても、図3-3に示すようにアイヌや沖縄の人々は、本州・四国・九州に住む集団（本土人）と「原アジア人」という祖先を共有し、ともに縄文人の子孫であることに変わりありません[2][3][4]。

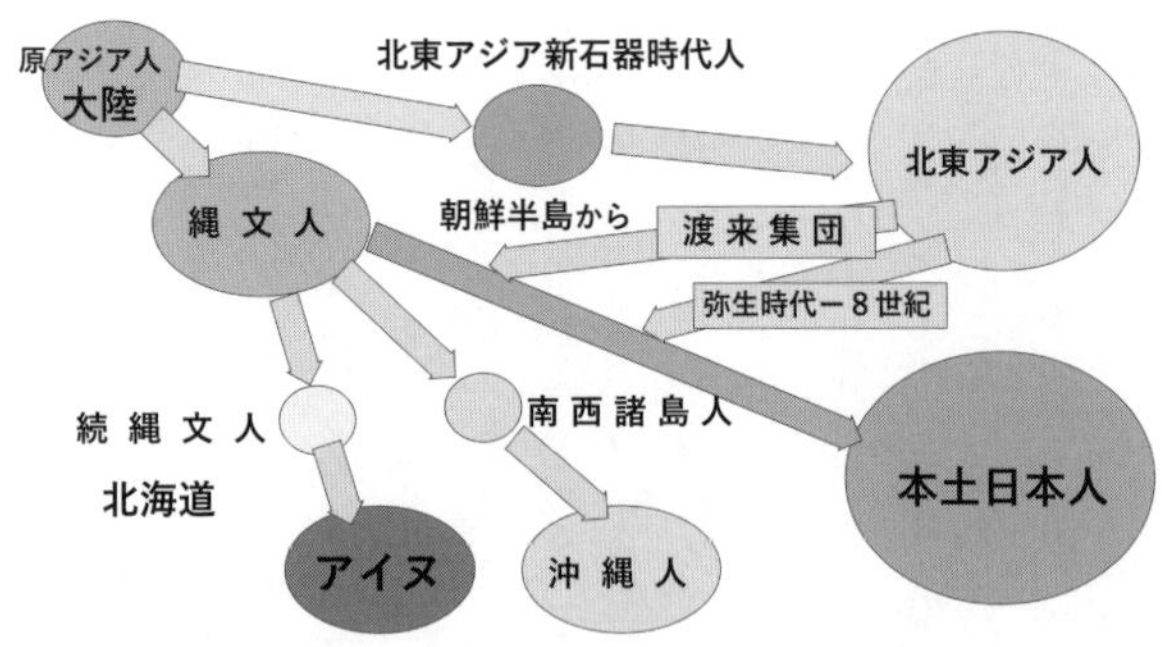

図 3-3　日本人の起源とルーツ(2)

日本に初めてやってきた人々は、土器を持たず、狩りや漁などをするために打製石器のみを使っていました。こうした時代を考古学的には「旧石器時代」、あるいは「先土器時代」といいます。この時代は、3つに区分され、前期は3万年前、中期は3万年前から1万3０００年前、後期が1万3０００年から1万2０００年前に分類されています。北海道の先土器時代の遺跡は、噴火湾沿いの八雲など45カ所で見つかっています。

(3) 先土器時代の有珠地域の地形の形成(5)(6)

更新世（洪積世）時代の有珠地域では、洞爺湖噴火で洞爺カルデラ噴出物や長流川角礫岩層が形成されました。(7)この噴火では大量の火山灰、軽石が有珠地域にも降下し、場所によっては１００メートルもの厚さの層となり、有珠地域は平坦な台地となりました。しかし、

1万9000年前から1万8000年前にかけて有珠山の造山活動が始まり、富士山のような成層火山が形成されます。

約1万6000年前には、有珠山の山頂破砕活動（山体崩壊）が始まり、山頂部は泥流となって流下し、台地上に岩石群として残ったり、流れ山の小丘が形成されるとともに現在の有珠湾の形が出来ていきました。

また有珠山の他にも火山活動が活発となり、駒ケ岳、恵山、樽前山などが形成されていきます。したがって、洞爺湖周辺（有珠山周辺）の現在の地形は、更新世（洪積世）末から完新世（沖積世）の初めの2万年前から1万年前に形成されたもので、こうした活発な火山活動のために、この地域には長い間人類が住むことができませんでした。

約1万年前の完新世（沖積世）の時代に入ると、最終氷期が終わり、温暖な後氷期が訪れました。海面の上昇（縄文海進）が開始され、北海道は完全に大陸から分離しました。

この時代、日本各地では、長さが1～4センチ、幅が4～8ミリほどの小さな「細石器」を使用し土器などが製作されました。これを「細石器文化」といいます。こうした技術とともに、人々は自然環境の変化に積極的に対応し、生活の場を海洋に広げ、漁業を身につけました（表1－4参照）。その後、石器を磨いてつくりあげる、さまざまな磨製石器が現れ、人々は竪穴住居を造り定住するようになります。この時代を考古学上では「新石器時代」（縄文時代）といいます。

有珠地域においても、古ウス湾（縄文海進が進んだ有珠湾地形をこのように呼んでいる）周辺で縄文人の生活が始まりました。

2　縄文時代の日本・北海道・有珠[8][9]

かつて有珠地域にも住んでいた縄文人とは、いったいどんなルーツを持つのでしょう。そのはじまりは、1万2000年前頃にシベリアで原アジア人から分離した、中国人系人種（新モンゴロイド）に遡ります。この人種はその後ベトナムなど、アジア大陸南部に進出するとともに、中国では殷、周、秦、前漢などの国家を形成しました[2]。

日本列島では**表3－1**に示すように、縄文時代の草創期の1万2000年前から縄文晩期最後の2300年前までの約1万年の間に、**図3－4**に示すように、この原アジア人の子孫が縄文人として、日本各地にさまざまな縄文文化を形成したのです。

縄文文化は、同時期のヨーロッパの新石器時代とは異なった文化を持っています。それは日本列島が温暖化により海で孤立して、外部の文化が流入しなかったためだといわれています。土器、石器、骨角器の製作は農耕牧畜のためではなく、狩猟・漁労を主とした原

表 3-1　縄文時代（新石器時代）の時代区分

草創期	12000 年～10000 年前
早期 10000 年～ 6000 年前	約 6500 年前～6000 年前に縄文海進（完新世海進、後氷期海進ともいう）が進む。現在より 5 m 水面が高い。この時期は最終氷期終了後に起きた世界的な温暖化の時期で、地球軌道要素の変化による日射量の増大が原因であった。噴火湾東部の沿岸に人類が姿を現したのは早期の終わり頃で、有珠地域若生地区、上坂両台地と豊浦町アルトリ台地などに足跡を残している。
前期 6000 年～ 5000 年前	この頃は海進の影響により全道各地で貝塚遺跡が見られる。有珠湾では有珠駅裏貝塚などが形成された。この時期には大規模な貝塚がみられる。その代表的な遺跡は若生貝塚群と北黄金貝塚群などである。
中期 5000 年～ 4000 年前	噴火湾沿岸の中期以降の遺跡は台地の周辺や海岸段丘上に移動している。北黄金砂丘北端、関内五軒沢貝塚は中期前半の遺跡で、北黄金砂丘中央部や有珠善光寺遺跡の最下層、松ヶ枝の低台地、有珠駅前にあった沼（風間沼）のほとりの丘陵地遺跡は中期後半の遺跡である。これらのうち貝塚遺跡は北黄金砂丘北端のみである。噴火湾沿岸で比較的規模の大きい中期の貝塚遺跡は長万部町静狩と虻田（洞爺湖町）入江貝塚である。
後期 4000 年～ 3000 年前	後期の貝塚は多く見られ、豊浦町旭町、虻田入江、有珠善光寺下部貝層などである。その他洞爺湖中島、洞爺湖町大川河口、室蘭市、登別市鷲別、白老町虎杖浜台地にも後期の遺跡がある。後期の大きな特徴は同一系統の土器が南は九州種子島から北は北海道礼文島に渡り広く分布することであり、全国的な交流があった。
晩期 3000 年～ 2400 ／ 2300 年前	晩期の遺跡は北黄金砂丘、有珠善光寺海岸段丘に分布する。晩期の遺跡で規模の大きいのは虻田高砂遺跡で 20 基ほどの墳墓が発見されている。

始共同体の社会でした。したがって、古代エジプトのように国家体制による社会支配の発生を見ることもありませんでした。とはいえ、人々は狩猟採集を中心とした暮らしの中で、土器に穀物などを蓄えたり、海産物を確保する工夫などもみら

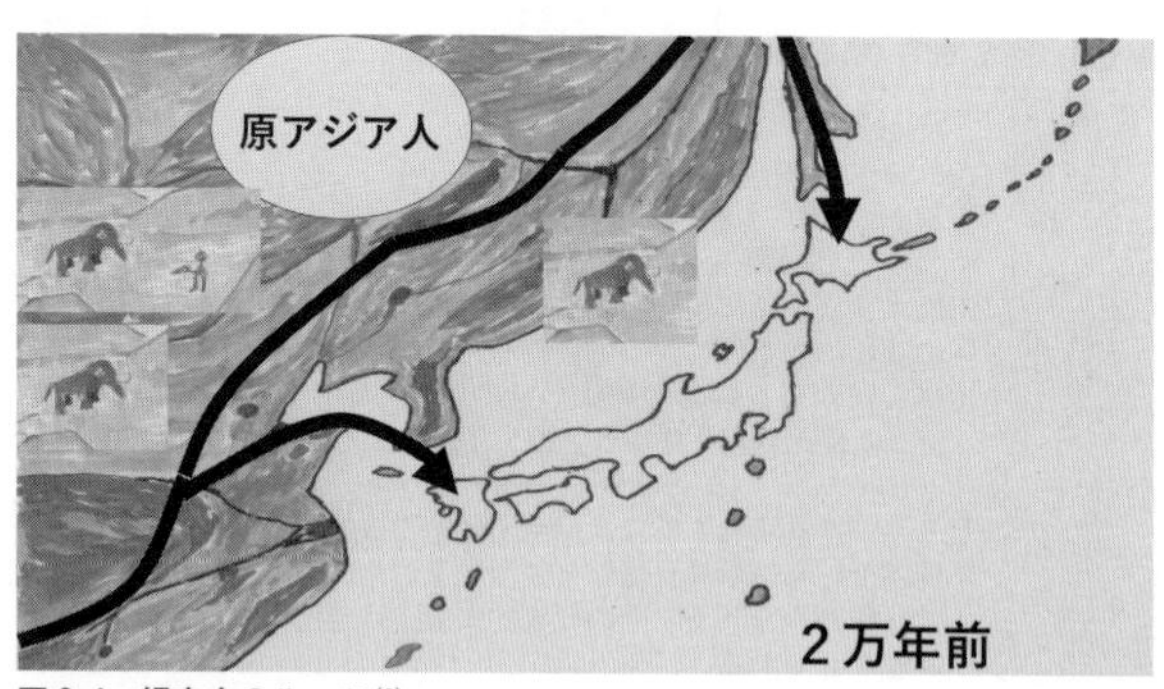

図 3-4　縄文人のルーツ(2)

れ、縄文の人々の豊かな生活があったと考えられていま す。（表3－2参照）

紀元2世紀頃に栄えた青森県津軽半島の亀ヶ岡遺跡は縄文文化の華で、優れた手工業製品や香炉型土器、遮光器（穴あき）土器が発掘されています。

また青森市の三内丸山遺跡は約5500年前から4000年前までの、およそ1500年間続いた「縄文の都」で、500基の竪穴住居が発掘されています。

北海道に住んでいた縄文人は、本州以南の縄文人と津軽海峡を越えて交易した痕跡もありますが、定説では、大きな集団の交代はおこっておらず、もともと北海道に住んでいた人々を中心に、続縄文文化への形成につながり、その後のアイヌ文化へと移行していったと考えられています。つまり、北海道の縄文文化の担い手が、その後の擦文文化、さらにアイヌ文化へと引き継がれていったと考えることができます。

表 3-2　縄文時代の遺跡

絶対年代	文化年代		土器	伊達市の遺跡	伊達市近隣の遺跡
(B.P.) 6000	縄文	早期			
			住吉系土器	若生	
			上坂式	北黄金（上坂式）	虎杖浜（白老） アルトリ（豊浦）
			縄文土器		
		前期	中野式	北黄金（上坂式）	
5000			茶呑場下層	北黄金（茶呑場台地）	
			若生式下層	若生	
			円筒土器下層式	北黄金（上坂）、 有珠駅裏岩陰	ポンナイ（室蘭） 入江（虻田） 静狩（長万部）
			若生式上層	若生	
		中期	円筒土器上層	北黄金 五軒沢 松ヶ枝	入江（虻田） 舟見（豊浦） ポンナイ（室蘭）
4000					
			余市式	北黄金砂丘 有珠善光寺	入江（虻田） エトモ（室蘭） 静狩（長万部）
			円筒土器上層系（伊達型）	向有珠（ホロクス台地）	
		後期	入江式	北黄金	入江（虻田） 旭（豊浦） 鷲別（登別）
3000					
			有珠　I類	有珠善光寺	洞爺湖中島 洞爺湖湖畔
		晩期	有珠　II類	有珠善光寺 北黄金 若生	
			有珠　III類	有珠善光寺 北黄金砂丘 チャシコツ（向有珠）	高砂（虻田）
2000			有珠　IV類	有珠善光寺	

6000BP は今から 6000 年前のこと（以下同じ）

3　日本の弥生時代と北海道の続縄文時代の社会

紀元前1000年前（3000年前）頃には、図3－5に示すように弥生人が大陸や朝鮮半島から日本に移住しました。これらの人々は原アジア人の系譜を引いていますが、かなり中国人系民族と混血していました。弥生時代は3世紀中頃まで続き、その後、古墳時代へと移行します。

（1）北海道の続縄文時代[10]

本州などの日本列島で、弥生時代および古墳時代だった紀元前3世紀頃から紀元7世紀の間、北海道では続縄文時代と、その後に擦文時代が続きました。その間には、南部に恵山式文化、中央部に江別式文化、その終末期（5－6世紀、古墳時代中期から末期）の北大式文化など、地域と時代により異なる文化が含まれています。

本州の住民が水稲栽培を取り入れて弥生時代に移行したときに、気候的条件から水田を作らず、縄文時代の生活様式を継承した人々が営んだ文化が、北海道の続縄文文化です。これまで本州と北海道の住民は、同じ縄文文化を共有していましたが、気象条件によって

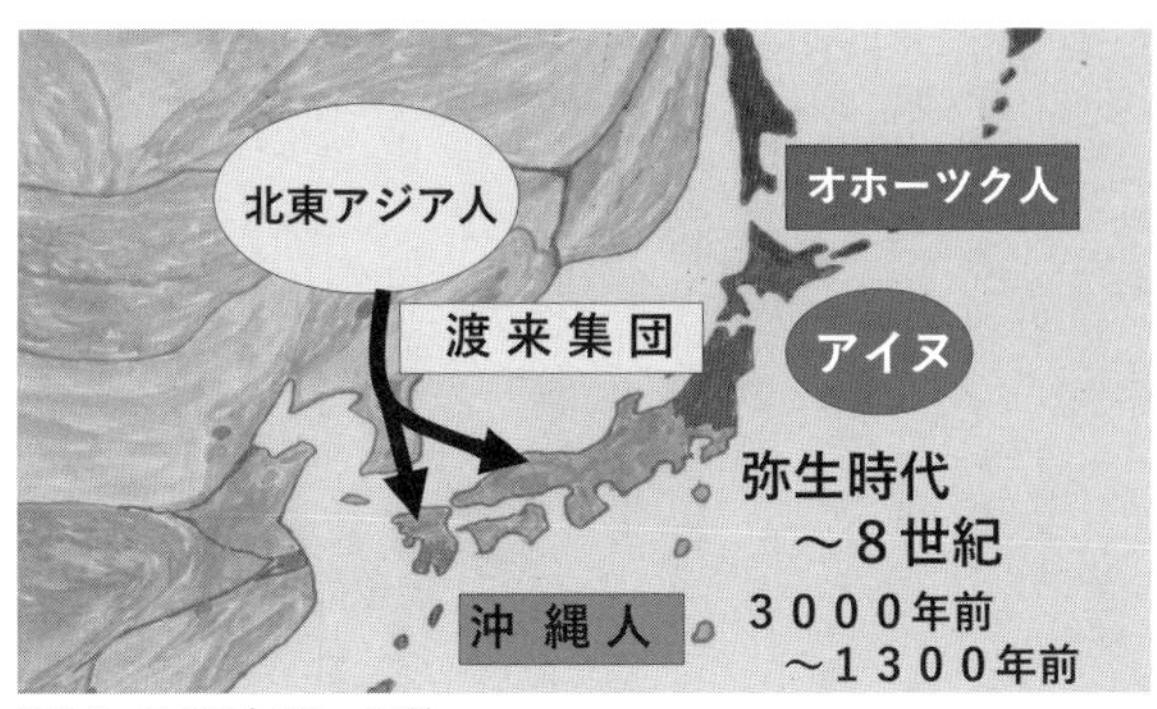

図 3-5　アイヌ人のルーツ(2)

ここで道が分かれることになりました。

本州や九州で発生した弥生文化は、1万年近く続いた縄文時代に比べると短い期間ですが、稲作農耕社会が発達して、私有財産が生まれ、階級関係が成立し、初期の大和王権が形成された時代でした。

一方で、寒冷であった北海道や東北北部地域では、南の地域から導入された金属器を石器と併用しながら、縄文文化の特徴を失わず、それを発達させていきました。続縄文人は竪穴式住居に住み、狩猟と漁労を中心にしながら、採集と原始的栽培も行いました。縄文時代と比べ、魚介や海獣の骨や牙などが多く出土し、また貝塚遺跡のアワ・キビ・ヒエ・ソバの存在から、これらの穀物を栽培していた可能性があります。さらに、その時代の遺物には、石斧、石ナイフなど多様な石器があります。その上、本州製の鉄製品が入り込み、後期には鉄器の普及が石器製作技術の衰退を招いた形跡があります。骨角器も多く出土しており、また遺物として残りにくい木器と繊維製品も出土数こそ少ないですが、当時は盛んに用いられていたと考えられます。

続縄文時代には、北海道北部が大陸・樺太方面から、北海道南西部が本州からの文化と産物の流入の窓口になっていました。北方産とみられる琥珀製の玉類が、北海道から東北地方北部にまで分布し、佐渡島産とみられる碧玉製の管玉が石狩川河口付近で発掘されています。逆に続縄文文化が北海道の外に拡大する動きもあり、樺太南部や東北地方北部、千島列島に広がっていました。

この時代に渡島半島に栄えた恵山式文化は、渡島半島南部の恵山地帯と有珠地域を含む噴火湾沿岸に中心をおき、津軽海峡を超えて東北北部にまで及んでいます。この文化は土器の装飾的特徴からみれば、前時代の青森の亀ヶ岡式文化と密接な関連性があるようです。また恵山式文化人は優れた漁師で、北海道西南部から下北・津軽半島の海岸地帯を拠点として北日本海を舞台に活躍した漁労集団だったと考えられています。（表3－3参照）

噴火湾沿岸でも続縄文時代の遺跡が発掘されており、有珠善光寺、有珠砂丘（有珠モシリ遺跡）、豊浦小幌洞穴、礼文華、室蘭エトモなどがあります。

表 3-3　続縄文時代以降の遺跡

絶対年代	文化年代	土器	伊達市の遺跡	伊達市近隣の遺跡
(B.P.) 2000				
	続縄文文化	恵山式（A）	北黄金砂丘 有珠善光寺	礼文華（豊浦） 小幌（豊浦）
	続縄文文化	恵山式（B）	有珠善光寺 有珠砂丘 北黄金砂丘	アヨロ（白老） 舟見（室蘭） エトモ（室蘭）
	続縄文文化	後北式	有珠、若生、黄金	大黒島（室蘭） 大岸（豊浦）
1000	擦文文化	善光寺 Ⅰ類、Ⅱ類	有珠善光寺	アヨロ（白老） 大岸（豊浦）
	擦文文化	善光寺 Ⅲ類	有珠善光寺 北黄金砂丘	小幌（豊浦）
	擦文文化	土師器 須恵器	有珠善光寺 北黄金砂丘	エトモ（室蘭） アヨロ（白老）
500	アイヌ文化			
	アイヌ文化	須恵器	有珠善光寺	
	アイヌ文化	陶器	有珠善光寺	

(2) 南下するオホーツク人とアイヌ民族との関係[11][12][13]

縄文時代は、約1万年続いたといわれていますが、その間、縄文人が宗谷海峡を越えてサハリンへ渡ったり、あるいは南千島のクナシリ島、エトロフ島を越えて北千島へ進出することは、基本的にはありませんでした。

しかし、本州以南が弥生文化へ移行し、朝鮮半島や中国との交流を活発化させていったことに並行して、続縄文時代を迎えた北海道の縄文人の末裔たちも、縄文的世界の境界を越えて、外の世界へ進出していきました。彼らはサハリン南部と北千島へ進出を始めます。また前述したように道南では恵山式文化が成立します。

4世紀になるとサハリンのオホーツク人が、北海道へ南下してきました。オホーツク人は、6世紀までサハリン対岸の利尻・礼文島を中心に道北端の沿岸部を占めていましたが、7世紀になると、道東のオホーツク海沿岸にも進出し、千島列島まで一気に領域を拡大しました。

オホーツク人の集落は、海岸線から2キロメートル以内にしかなく、高度に海洋環境に適応した人々と考えられています。オホーツク人は生業だけでなく、土器、石器、住居、舟、葬儀の方法など、あらゆる文化面において続縄文人とは異なっていました。

一方、続縄文化やその後のアイヌ文化を担った人々の集落は、沿岸から内陸奥地まで見受けられます。

（3）本州からの移民

4世紀にオホーツク人が南下して道北を占めると、続縄文人は主に北海道の南西部で暮らすようになり同時に本州へも南下しました。

東北北部へ進出した続縄文人は、内陸伝いに古墳社会の前線地帯であった、仙台平野や新潟平野を結ぶラインにまで南下し、その前線地帯で古墳社会の人々と混在し、鉄器などを手に入れました。

また5世紀後半以降、東北北部の岩手県や青森県に、古墳社会の人々が北上してくるにつれて、6世紀には東北北部から北海道へ撤退しました。

7世紀から9世紀、本州の大和王権は、東北北部から道南に住む人々を「エミシ」と呼びました。「まつろわぬ民・帰属しない東国の民」という意味を持ちます。エミシがどういう人々であったかは、さまざまな説がありますが、当時、そうした人々の中で本州の文化の影響を受けた一部が、道央部へと移住し農耕文化をもたらし、擦文文化へとつながったと考えられています。東北地方には、この時代からつながるアイヌ語由来の地名が多くあることから、エミシにはアイヌ民族へと連なる集団がいたことはまちがいないようです。

4　北海道の擦文文化時代

擦文文化時代は、擦文土器や土師器（はじき）・須恵器（すえき）を使用し、石器、骨角器、金属器、漆器、織物、植物種子（稗、栗、蕎麦、緑豆など）を伴い、奈良時代の末期から室町時代にかけて北海道全域に栄え、東北地方の津軽・下北半島に及んだ文化です。

噴火湾沿岸の擦文時代の遺跡の大部分は、恵山式土器または亀ヶ岡土器（縄文晩期）を含む、縄文晩期から続縄文時代の遺跡の上部層で発見されていて、小幌洞穴、有珠善光寺、北黄金砂丘、室蘭市エトモなどがその例です。また、同じ時期に栄えたオホーツク文化の遺跡は、オホーツク海岸沿いにあるモヨロ貝塚が有名です。網走市の「北方民族博物館」では、道内で擦文文化とオホーツク文化の相互交流があったこと示す史料を見ることができます。

表 3-4　時代区分

<table>
<tr><th>年代</th><th colspan="2">北海道</th><th colspan="2">本州（四国・九州）</th></tr>
<tr><td></td><td colspan="2" rowspan="2">旧石器時代</td><td colspan="2">旧石器時代</td></tr>
<tr><td>0</td><td rowspan="6">縄文時代</td><td>草創期</td></tr>
<tr><td></td><td colspan="2" rowspan="5">縄文時代</td><td>早　期</td></tr>
<tr><td></td><td>前　期</td></tr>
<tr><td></td><td>中　期</td></tr>
<tr><td></td><td>後　期</td></tr>
<tr><td></td><td>晩　期</td></tr>
<tr><td></td><td>道東</td><td>道南</td><td colspan="2" rowspan="2">弥生時代</td></tr>
<tr><td>300</td><td colspan="2">続縄文時代（前期）</td></tr>
<tr><td></td><td rowspan="6">オホーツク文化</td><td rowspan="4">続縄文時代（後期）</td><td colspan="2" rowspan="3">古墳時代</td></tr>
<tr><td>500</td></tr>
<tr><td></td></tr>
<tr><td>700</td><td colspan="2" rowspan="2">飛鳥時代</td></tr>
<tr><td></td><td rowspan="5">擦文時代</td></tr>
<tr><td></td><td colspan="2">奈良時代</td></tr>
<tr><td>900</td><td rowspan="4">擦文時代</td><td colspan="2" rowspan="4">平安時代</td></tr>
<tr><td></td></tr>
<tr><td>1100</td></tr>
<tr><td></td><td></td></tr>
<tr><td>1200</td><td colspan="2" rowspan="9">アイヌ文化期</td><td colspan="2" rowspan="2">鎌倉時代</td></tr>
<tr><td></td></tr>
<tr><td>1300</td><td colspan="2">南北朝時代</td></tr>
<tr><td></td><td colspan="2" rowspan="2">室町時代</td></tr>
<tr><td>1500</td></tr>
<tr><td></td><td colspan="2">安土桃山時代</td></tr>
<tr><td>1700</td><td colspan="2" rowspan="3">江戸時代</td></tr>
<tr><td></td></tr>
<tr><td></td></tr>
</table>

5　有珠地域の古代遺跡[14][15][16]

若生(わっかおい)貝塚遺跡[16]は伊達市若生町・東有珠町・南有珠町にまたがる丘陵に位置しており、縄文前期の6000年前につくられた、大規模な貝塚を有する縄文人の集落遺跡で、現在も調査が続けられています。前述したように、約1万年前から氷河期が終わるとともに、氷河が解けて海面の上昇（縄文海進）が進むにつれ、縄文人たちは湧水の豊富な地点の周りに集落を形成していきました。

また、すでに発掘は終了していますが、有珠善光寺遺跡[17]は、表3－1に示すように5000年前～4000年前の縄文時代中期以降の遺跡です。

有珠モシリ遺跡[14]は、有珠善光寺の向かいの有珠湾に浮かぶ、面積1万平方メートル程の小島全体が、縄文時代の晩期から続縄文時代前半期（約3000年前～1700年前）にかけての貝塚の遺跡で、墓地もあります。縄文時代の墓は2カ所あり、南海産の腕輪をつけた2人の女性が発掘されました。

一方、数多く見つかった続縄文時代の墓には、本州の埋葬の風習が見られ、弥生文化との交流がうかがわれます。なかでも遺跡から見つかった「イモガイ製腕輪」は、沖縄など暖かい海でしか採ることのできない貝で作られたブレスレットです。

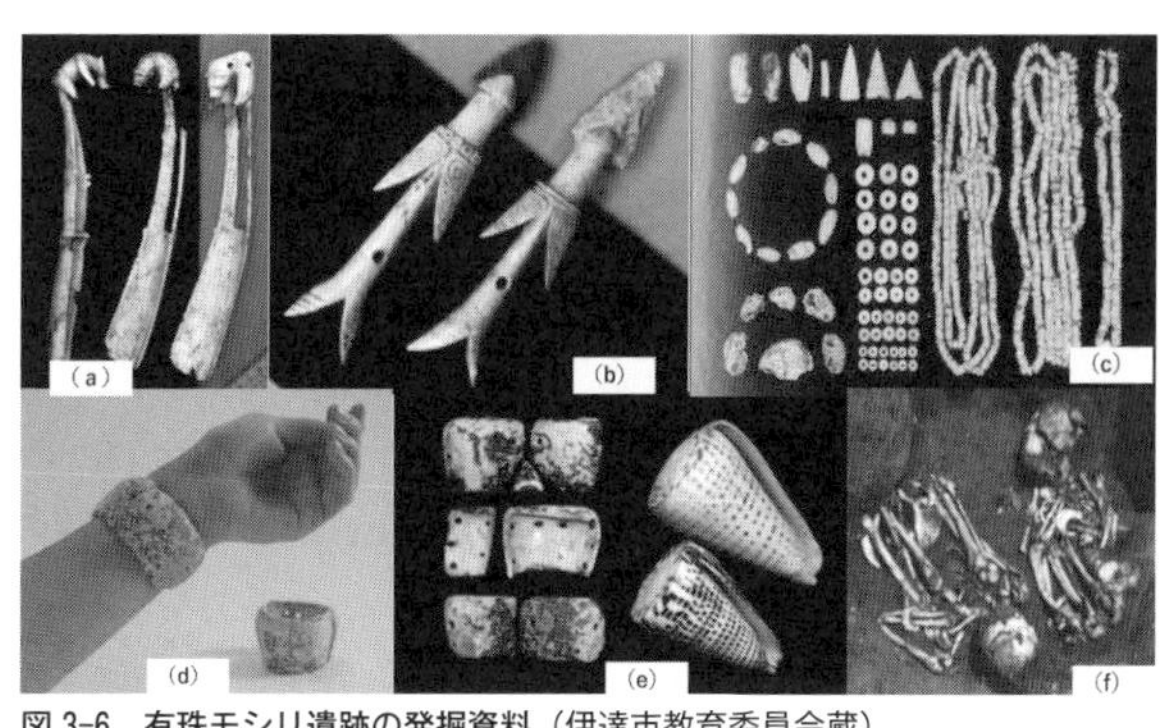

図3-6　有珠モシリ遺跡の発掘資料（伊達市教育委員会蔵）

このブレスレットは約2000年前（本州では弥生時代。北海道では続縄文前半期）に弥生人が、後期貝塚時代（狩猟採集文化）の琉球諸島から材料を取り寄せ、九州北部で加工し、自ら使っていました。そして、そのうちの一部が日本海を北上して、続縄文時代（狩猟採集文化）の北海道まで運ばれたのです。はるか昔に沖縄から九州、そして北海道、礼文島まで人の行き来があったことを示しており、豊かな古代の生活が想像できます[15]。

＊＊＊＊＊＊

コラム2　縄文遺跡群の世界遺産登録

2021年7月、「北海道・北東北の縄文遺跡群」が長い間の取り組みの結果、世界文化遺産に登録されました。縄文文化は前述したように、約1万5000

年前から2500年前までの1万年以上にわたり、日本列島全体に展開された先史文化で、厳しい自然と向き合いながら、狩猟・漁労・採集を基盤として、定住生活を営んでいました。指定された17カ所の構成遺産のうち、北海道には伊達市の北黄金貝塚遺跡や洞爺湖町の入江・高砂貝塚遺跡など6カ所と、関連遺産が1カ所あります。しかし、道内には有珠地区の貝塚遺跡など、世界遺産の基準に到達しなかった縄文遺跡が多く存在します。

＊＊＊＊＊＊

有珠地域は、約6500年前〜6000年前頃の縄文海進では現在より5メートルくらい水面が高かったと想定されており、現在の地形に照らし合わせてみると、有珠駅周辺くらいまで海水面が届いていたと推定されます。従って有珠の縄文人の生活地域は今の地形とはかなり異なったものでした[17]。

その後、数千年前から海退（海水面の低下）が始まり、約1000年前から現在の地形に近くなりました。周辺から発掘された多数の貝塚と、そこに含まれる動物遺骸などから縄文時代の生活や環境が推測できます（有珠湾岸の遺跡群：有珠モシリ遺跡〈9カ所〉、善光寺1・2遺跡、ポンマ遺跡など[10]）。さらにこの地域には、アイヌ民族由来の地名も残っており、古くから人々の暮らしがあったことがわかります。

このような背景には、有珠湾および有珠海岸の豊かな漁業環境がありました。アイヌの人々は、海産物を加工して商品化するとともに、第5章で説明する有珠場所・会所を通じて外部と交易をしていました。さらに明治初年に移住した伊達士族は、会所機能を引き継ぎ、これらの関係を継続して、地元の人々に喜ばれていたことが資料に残っています[10][17]。

また第4章で述べるように、有珠会所に隣接していた有珠善光寺は、経典をアイヌ語に翻訳するなど、地元の人々にこころの豊かさや安寧を与えるための社会的貢献を続け今日に至っています。

6 近世の有珠のアイヌの人々の歴史[11][18][19][20][21]

有珠地域の擦文時代や恵山式文化時代の貝塚は、1611（慶長16）年の慶長三陸地震の津波堆積物層の下部に形成されています。貝塚を形成する貝のほとんどがアサリで、この他、ホタテ、ウバガイ、ビノスガイがごく少量混入しています。有珠善光寺遺跡では、三陸地震津波堆積物層下部から須恵器や釉薬陶器の破片、内耳鉄鍋、船釘などが出土し、この時代の墓も発見されています。これらの出土品や副葬品から、須恵器・陶器・漆器・鉄製品・骨角器を使用した古代の人たちの生活が見えてくるとともに、人体の埋葬状態や人骨の計測から、彼らは文化的にも人類学的にも現代アイヌと直接のつながりのあることがわかりました。

第2章で詳しく述べたように、1663（寛文3）年の有珠山噴火は、かなり詳しい記録があり、その活動の激しさがうかがわれます。有珠善光寺遺跡から出土した鉄鍋の型式や陶器の年代を考え合わせると、有珠地域を中心とするアイヌ文化は、1600年代にはすでにかなりの発展をとげており、高い水準に達していたといえます[17]。

1869（明治2）年に伊達士族が有珠会所を引き継いだ時、有珠地域に住んでいたアイヌの人々は81戸、人数397人（男210人、女187人）でした。そして、有珠会所や有珠善光寺を取り巻くようにアイヌの集落がありました。

亘理伊達家士族が、有珠郡支配を明治政府から認められ、明治3年以降、現在の北海道伊達市に移住しましたが、その際、殿様の伊達邦成公から家臣に対して、アイヌの人たちに対する対処の心構えが以下のように「御直書」として示されました[17,22]。

① 何事によらず、信実を旨と心得、礼儀、廉恥（恥を知る）の風を厚く体認致す可き事
② 土人と侮り（あなどり）、欺き、偽り、愚弄（もてあそぶ）すべからず事
③ 土人と諸品交易、並びにその馬召任（召し使い）候事、その時々に惣長に申し出て、指図を請う可き事

④　土人の家に猥（みだりに）出入、相成難し事

これらの対応は英国の香港統治・植民地化（1842—1941年）やインドを統治（1858—1947年）の際の、イギリス人指揮官の「騎士道精神」にも共通する「武士道精神」の一端を示しています。また、有珠会所では伝染病疱瘡（天然痘）の予防注射の実施など、アイヌの人々の生活を守るための対応も実施していました。

参考文献

（1）『日本の古代遺跡　40　北海道Ⅰ』野村崇著（保育社・1988年10月）
（2）『日本人の成り立ち』植原和郎著（人文書院・1995年11月）
（3）『DNAから見た日本人』斎藤成也著（ちくま新書・2006年4月）
（4）『大論争　日本人の起源』斎藤成也他著（宝島社新書・2019年11月）
（5）『日本列島　第三版』湊正雄、井尻正二著（岩波新書・1976年4月）
（6）『有珠山、岩波地球科学講座　7』勝井義雄著（岩波書店・1979年）
（7）『洞爺カルデラの形成とその噴出物』池田稔彦、勝井義雄著（文部省科学研究費報告書・1986年）
（8）『縄文の生活誌　日本の歴史01』岡村道雄著（講談社学術文庫・2008年11月）

（9）『北海道の研究1　考古篇Ⅰ』野村崇編（清文堂・1984年2月）
（10）『新北海道史、第2巻通説1』北海道史編集所編（北海道庁・1970年4月）
（11）『常呂遺跡群　日本の遺跡13』武田修著（同成社・2006年8月）
（12）『北海道の考古学1、　北海道ライブラリー10』宇田川洋著（北海道出版企画センター・1977年11月）
（13）『北海道の考古学2、　北海道ライブラリー11』宇田川洋著（北海道出版企画センター・1977年11月）
（14）『日本の古代遺跡　41　北海道Ⅱ』野村崇著（保育社・1997年2月）
（15）『礼文町・北海道映像記録：礼文―日本最北の「遺跡の島」―』（DVD）（2018年）
（16）『縄文時代の大規模集落遺跡群―若生2遺跡―の発掘調査　噴火湾文化　Vol.14』永谷幸人著、（2020年3月）
（17）『新稿伊達町史　上巻』渡辺茂編著（三一書房・1972年2月）
（18）『アイヌ学入門』瀬川拓郎著（講談社現代新書・2015年2月）
（19）『アイヌと縄文　―もう一つの日本の歴史』瀬川拓郎著（筑摩新書・2016年2月）
（20）『日本の深層―縄文・蝦夷文化を探る』梅原猛著（集英社文庫・1994年6月）
（21）『縄文からアイヌへ』町田宗鳳著（せりか書房・2000年10月）
（22）『伊達町史』伊達町史編纂委員会編（伊達町・1949年12月）

第4章

有珠善光寺の歴史

1　有珠善光寺創建まで

有珠善光寺は、蝦夷三官寺の一社として、2018（平成30）年に北海道遺産に認定されました。、有珠地域住民にとって大切な歴史遺産です。

はじめに有珠善光寺および有珠善光寺自然公園周辺を地理的な観点からみてみましょう。この一帯は、今から約11万年前の更新世（洪積世）後期の洞爺カルデラ地形ができた際、噴火の地層の上に、有珠山噴火で海岸まで流れ出した岩石が重なって残っています。

自然環境は、北側の有珠山丘陵を背にして寒い北風（これを昔の人はヤマセといいました）を防ぐことができ、さらに有珠山からの地下水も豊富で、樹木や野草が生い茂り、野鳥などの野生動物も生息する豊かな土地でした。そのためこの一帯には、第3章で述べたように、縄文時代の人々の集落があったことがわかっています。

有珠善光寺の創建は、1806（文化3）年に書かれた『蝦夷地大臼山善光寺縁起』（国重要文化財）によれば、824年―834年（天長年間）とされています。本州では平安時代にあたりますが、北海道では擦文文化の時代で、有珠地域では噴火湾沿いに集落が形成され、狩猟採集を中心とした生活がおこなわれていました。

この時代、北海道（蝦夷）と本州（中央政府）との間で、歴史的な関わりがあったことが史料に残っています。早くは「大化の改新」後の658年（斉明天皇の時代）に、阿倍比羅夫が東北・北海道に派遣されて蝦夷との戦いをしたという記録があります。また、801（延暦20）年には、桓武天皇が坂上田村麿を征夷大将軍として東北に派遣し、蝦夷（東北）と戦ったと伝えられています。

2　有珠善光寺建立と慈覚大師「円仁」和尚

前述した『蝦夷地大臼山善光寺縁起』によれば、有珠善光寺の開基は、慈覚大師円仁（794―864）という天台宗の僧侶が、有珠に「小宇」（小さなお堂）を造り、阿弥陀如来像を安置したと伝えられています。しかし、史実に照らし合わせると、天長年間に円仁の渡道は不可能であったと思われることから、おそらく弟子が円仁の意を受けて有珠を訪れ、これらの対応をしたと考えられます。

そうした根拠を述べる前に、まずは円仁の僧侶としての経歴を振り返ってみましょう。

808（大同3）年、15歳のときに比叡山延暦寺に上り、天台宗開祖の最澄に弟子入りした円仁は、814（弘仁5）年、言試（国家試験）に合格、翌年21歳で得度（出家）します。

816（弘仁7）年には、師である最澄の東国巡遊に従って、円仁の故郷である下野国

（現在の栃木県）を訪れます。最澄のこの旅行は、新しく立てた天台宗の法華一乗の教えを国内に広めるためで、全国に6箇所を選んでそこに宝塔を建て、一千部八千巻の法華経を置いて地方教化・国利安福の中心地にしようとするものでした。

円仁は、最澄から深い信任を得て、止観（法華経の注釈書）を学んだ弟子10人のうち、ただひとり、師の代講を任せられるまでになります。

その後、８２８（天長5）年に、35歳になった円仁は、最澄から最も重要な悟りの考え方である「一心三観」の妙義を授けられ、唐への留学を決意します。しかし、８３６（承和3）年、８３７年と渡航に失敗、そして８３８年、ついに唐へと渡った円仁は、そこから約9年間の留学生活を送りました。こうした史実から、有珠善光寺を開いたと伝えられている天長年間に、円仁が蝦夷に渡る時間的余裕はなかったと推測されるのです。

さて、唐に渡った円仁はどのような活動をしたのでしょうか。

円仁は、現在は世界遺産でもある、この時代から霊山として知られた五台山を巡礼します。そして標高３０００メートルを超す最高峰の北台叶斗峰（ほくだいきょうとほう）にも登山します。その後、当時世界最大の都市で最先端の文化の発信地でもあった長安へ行くことを決意し、五台山から約１１００キロメートルの距離を、53日間かけて徒歩旅行しました。

また、インドのサンスクリット語を学び、仏典を多数書写しました（図4－5）。そして、842年唐政府の廃仏政策に遭い、外国人僧の国外追放という予期せぬ形で、847（承和14）年9月に帰国します。この留学で円仁は、最澄や空海が日本へ持ち込まなかった経典やその後の新訳経典を意識的に集めて持ち帰り、日本の密教の発展に寄与しました。さらに、9年6カ月におよんだ唐への留学を、円仁は日記『入唐求法巡礼行記』（全4巻）に書き残しました。この日記は、日本人による最初の本格的旅行記であり、当時の中国皇帝、武宗による仏教弾圧である廃仏の様子を生々しく伝えるものとして、歴史資料としても高く評価されています。特に駐日米国大使エドウィン・ライシャワーの研究により、欧米で知られるようになり、著書が和訳されると国内でもよく知られるようになりました。

図 4-1　有珠善光寺の開祖　円仁

帰国後、円仁は目黒不動として知られる瀧泉寺や、山形市にある立石寺など多くの寺を開いたと言われ、円仁自身が開山したり再興したりしたと伝わる寺は関東に209寺、東北に331寺余に上ります。浅草の有名な浅草寺もその一つです。

円仁は、854（仁寿4）年4月3日、61歳で第3代延暦寺座主に任命されており、人柄は円満にして温雅であり、眉の太い人であったと伝えられています。有珠善光寺の宗派「浄土宗」の開祖「法然」上人は、尊敬していたこの円仁和尚の衣をまといながら亡くなったといわれています。

＊＊＊＊＊＊

コラム3　仏教の始まり(1)(2)

仏教は、インドの釈迦（シャカ、紀元前462頃─紀元前383頃　異説あり）とその弟子たちの教えです。ヨーロッパでは、古代ギリシャの有名な哲学者ソクラテス（紀元前470頃─紀元前399）やプラトン（紀元前427─紀元前347）が活躍した年代と同じで、キリストが誕生するよりずっと前のことです。

ネパール（当時はインド地域）のルンビニ地方の王族の王子として誕生した釈迦（本名はゴータマ・シッダッタ）は、周囲の貧しい人々の生活を見て、その救いを求めて王子としての豊かな暮らしを捨て出家しました。

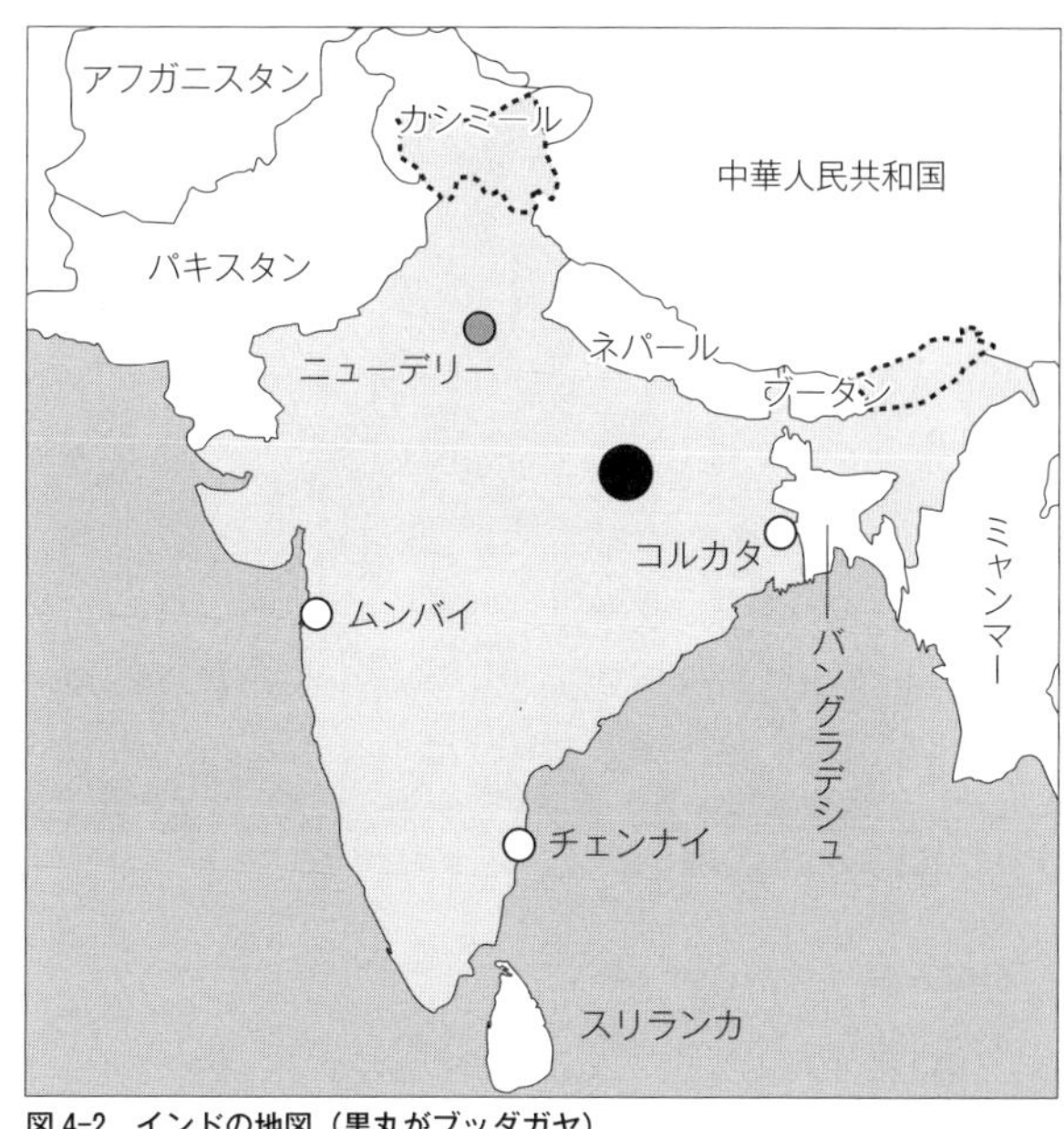

図 4-2　インドの地図（黒丸がブッダガヤ）

釈迦はインドの地方を、救いを求めて長い間歩いたのち、ブッダガヤ（図4－2）の菩提樹のもとで「覚り」を受けました（図4－3）。この「覚り」は英語では「Enlightenment」と言い、その意味は「（悩み〈暗闇〉の中で）光のある方向に向かう」という意味です。

釈迦のさまざまな教えは、その死後に弟子たちによって伝えられました。また当時は中東やチベット、東南アジアなど世界中から集まった何万人もの僧侶たちが図4－4に示すような僧院で生活して、釈迦の教えを学

図 4-3　菩提樹の周りでお祈りをしている（ブッダガヤ）

図 4-4　ブッダガヤの僧院の遺跡

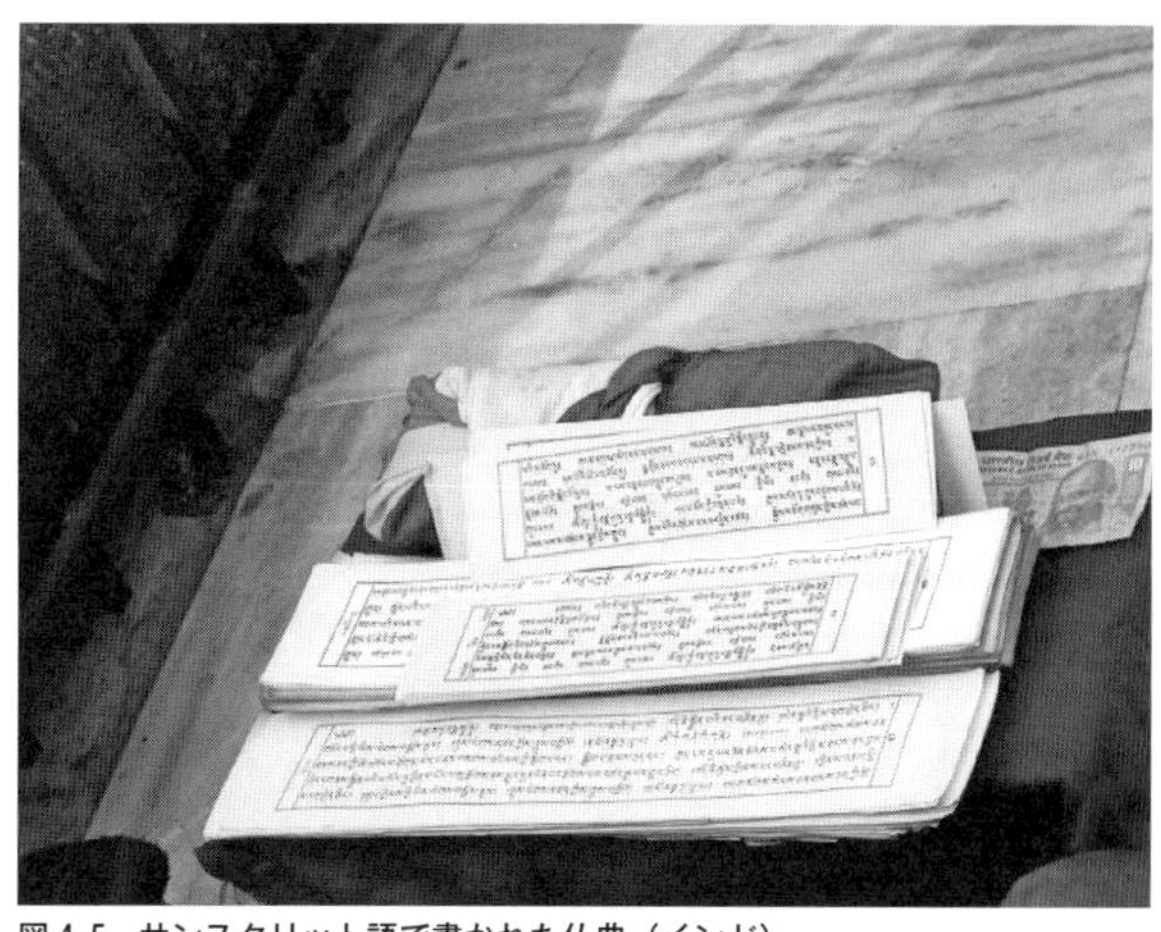
図 4-5　サンスクリット語で書かれた仏典（インド）

んだのです。
そして、これらの僧侶の中に、日本への仏教伝来に大きな影響を与えた中国（唐）の高僧三蔵法師（玄奘三蔵）がいました。玄奘三蔵はヒマラヤ山脈を迂回しながら、現在の中国奥地からアフガニスタンなどを越えてインドに向かい、長期間学びました。その後、サンスクリット語で書かれた多くの仏典（図4－5）を中国に持ち帰り、中国語に翻訳して仏教の教えを伝えたのです。
また、空海、最澄、そして、有珠善光寺を開いた円仁などの日本の高僧は、大変な苦労をしながら中国に渡り、これらの仏典を日本に持ち帰り、仏教を伝えました。
仏教発祥の地であるインドですが、現在では、ヒンズー教徒が人口の約8割を占め

図 4-6　ガンジス川上流でのお葬式（ネパール）

ており、対して仏教徒は1割に満たないのが実情です。

図4-6の写真は、ネパールの「聖なる川」であるガンジス川上流で、ヒンズー教の高僧が茶毘（だび）にされている様子です。川岸で火葬にされたのちに遺骨は川に流されます。

＊＊＊＊＊＊

コラム4　聖徳太子による国の整備と宗教

現在の日本は、「日本国憲法」のもとで、「政教分離」や「民主主義」などを基本として、人々の暮らしや社会経済活動が守られていますが、いまから約1450年前の聖徳太子が活躍した飛鳥時代は、ようやく国の体制を確立しつつあった頃で、政治や行政に関する「道徳規範」が確立していませんでした。そこで聖徳太子は、仏教の教えを基本とした日本初の成文法となる「十七条の憲法」を制定し、国家体制を整備しました。

この聖徳太子の仏教の教えは、その後、鎌倉時代に活躍した「親鸞上人」や、有珠善光寺の宗派でもある浄土教の教祖「法然上人」など、多くの高僧たちに影響を与えました。

＊＊＊＊＊＊

3　新羅之記録(しんらのきろく)[3]による有珠善光寺

『新羅之記録』は、1643（寛永20）年に幕府に献上した松前の家譜を、松前慶広の六男景広が編さんし直し、1646（正保3）年に松前藩のルーツである近江国園城寺（三井寺）境内の新羅神社に奉納されたもので、北海道史の中で最古の歴史書です。それによると、1613（慶長18）年　藩主松前慶広が有珠に至り、善光寺如来堂の再興をはかった、とあります。如来堂は、現在の有珠地蔵堂にあたります。[3]

「松前より五日ほど東に、宇諏(うす)の入海という所があり、非常に景色のよい所である。はるかに山際に至る入江が数々ある。その中には山のある島が多く、本土の松島の佳境にも劣らない場所である。ここには古くから数百家の人が住み暮らし、善光寺如来の御堂の旧跡があった。時々称名の声や鉦鼓（しょうこ）の音を聞くことがあって、夷（エゾ）たちは怪しく不思議な思いにとらわれることがあったという。慶長一七（1612）年にお告げがあり、同一八（1613）年五月一日に船に乗ってかの地に詣で、如来堂を再興して建立した。」

本章の最後にも述べるように、1611（慶長16）年の自然災害には、三陸地震津波があり、東北・北海道に大きな被害が発生しました。そしてこの被害の報告が、松前藩にもたらされたことから、松前藩主による善光寺再興へとつながったと思われます。

4　江戸幕府による蝦夷三官寺の整備(4)

蝦夷三官寺とは、江戸幕府が1804（文化元）年に建立した3つの寺院の総称です。ひとつは有珠善光寺であり、そして、様似町の等澍院、厚岸町の国泰寺です。善光寺は、この時に以前の場所（現在の善光寺地蔵堂）から現在地に本堂が建立されました。寺院建立の目的のひとつは、蝦夷地に在勤していた役人や、蝦夷地警護のために派遣されていた東北の南部藩・津軽藩などの足軽、さらに漁師や職人、町人などが死去した際の埋葬や葬儀を僧侶が執り行うためでした。また、ロシア人の南下に伴って争いも発生しており、北海道や千島がキリスト教化することを警戒したためです。

図 4-7　版画で作ったアイヌ語の仏典

三官寺は、東蝦夷地の地理を考慮して決められ、江戸から住職が派遣されました。

有珠　浄土宗　大臼山道場院　善光寺　住職　荘海
様似　天台宗　帰郷山厚沢寺　等澍院　住職　秃暁
厚岸　五山派（禅宗）景雲山　国泰寺　住職　文翁

有珠善光寺の初代住職になった荘海上人は、1805（文化2）年、有珠善光寺を目指して江戸を出発しましたが、旅の途中、箱館で病気になり死去しました。その後、第2代住職に任命されたのが鸞州（らいしゅう）上人で、浄土宗の教えの真髄「一枚起請文」をアイヌ語に訳して地元に住むアイヌの人々に布教活動をしました。また第3代住職に任命された辯瑞（べんずい）上人は「念仏上人子引歌」（国指定重要文化財）を作り、浄土教の教えをわかりやすく歌にしてアイヌ語に訳し、布教しました（図4－7）。

図4-8　有珠善光寺にある円空仏

また北海道の命名者で探検家の松浦武四郎の「東蝦夷日誌」第三編[5]によれば、「虻田、有珠付近の蝦夷が仏教に帰依して念仏を知っていた」と記されています。こうしたことからもさまざまな意味で有珠善光寺が地域やアイヌの人々に関わっていたことがうかがえます[6]。

また独特の作風を持った木彫りの仏像「円空仏」を全国に奉納して歩いた僧侶「円空」も有珠善光寺を訪れ、「観音仏」（図4－8）を奉納し、現在に伝わっています。

5　有珠善光寺につながる本願寺道路と有珠街道の歴史[7]

本願寺道路は、明治初年に東本願寺が石狩国の札幌（現在の札幌市豊平区平岸）と胆振国の尾去別（おさるべつ）（現在の伊達市長和）を山越えで結ぶ街道として建設した道路で、別名「有珠街道」とも呼ばれ、1871（明治4）年に開通しました。

本願寺道路が造られた目的は、1869（明治2）年、札幌に開拓使の本府を置くことが決まり、貿易港であった箱館（同年に函館と改称）と札幌を結ぶ道路が必要になったからです。財政難だった明治政府は、東本願寺を動かして道路開削を出願させたのです。

明治2年9月3日、当時19歳だった現如上人を中心とした調査隊は、まず東京の開拓使庁をたずね、松浦武四郎に面会しました。札幌在住時に「川に沿い有珠・虻田に道を開かば、その弁理いかばかりならん」と考えていた松浦武四郎から開削ルートの構想を教えられた一行は、その後現地におもむき調査を行いました。

作業概要は

実質作業期間：明治3年7月〜明治4年10月

開削工事区間：「オサルベツ」—（有珠山東側はずれ）—「ソウベツ」—（洞爺湖東側）—「ニッポキナイ」—「ヌッキベツ」—「シリベツ」—「アシュフ」—「ムイナイ」—「ケレベツ」—「定山渓」（じょうざんけい）—「ニセイオマップ」—「平岸村」

道路の規模：伐木幅3間（約5・5メートル）、道路幅9尺（約2・7メートル）

橋の架設：103箇所、谷間の板敷き17箇所作業人員：延べ55300人ほど。東本願寺宗門の僧侶のほかに、亘理伊達家の士族移住者やアイヌの人々も参加しました。
作業監督：宇野道隆、尾崎信盛（現如上人の随行者）
測量担当：大浜和助（三河国人）
所要経費：18057両62文5分

ルートは松浦武四郎の構想を基にしていますが、一説によると定山渓から有珠地域までは、すでに有珠善光寺の僧侶がアイヌ6人を連れて街道を開いていたとも言われています。工事完了から3カ月後、東久世通禧開拓長官と副島種臣参議が現場を検分した際の書簡には「左右笹頭上にかぶり甚難渋。且下は竹根針立馬足をさし、皆爪間血色を露す」とあり、作業の困難さを伝えています。工事にかけた期間は1年ほどとなっていますが、冬季間は積雪のため休業せざるを得ないことを考えると、実質的にはわずか半年という驚異的な工期で行われた突貫工事だったのです。『札幌区史』、『北海道通覧』などの記述には、このときの僧侶たちの苦闘ぶりが記されています。しかし土木の専門家でもない僧侶たちが百数十人いても作業進捗にどれだけの貢献ができたか疑わしい面もあり、有珠のアイヌ古老は、結局労働の土台となっていたのは地元のアイヌであったと指摘しています。こう

図 4-9　札幌平岸村の道路開削の様子[7]（北大附属図書館蔵）

して完成した本願寺道路は、全長約１０３キロメートル、現在の国道２３０号や国道４５３号の整備の基となりました。

本願寺道路は、１８７３（明治６）年に苫小牧経由で室蘭に至る「札幌本道」が完成すると、山間を通るこの道は次第に敬遠されるようになります。その後、１８８６（明治19）年から、北海道庁により改修工事が進められるようになると、重要な街道として見直されるようになり、１９５０（昭和25）年に国道２３０号となって現在に至っています。

東本願寺が北海道開拓・新道開削に貢献した要因の一つに、明治時代の廃仏毀釈による仏教界全体への逆風がありました。道路開削は、世のため、人のために働くことで「仏教は国益にかなう」と証明する機会でもあったようです。

図4-10　旧伊達町史(10)にある有珠善光寺の古い写真

6　イザベラ・バードの有珠善光寺の印象

第2章で述べたように、明治初期の1878（明治11）年9月に有珠地域を訪れた英国人旅行家イザベラ・バードは、有珠善光寺近くの有珠会所に宿泊しました。この時、善光寺について、その感動を文章に残しています(8)(9)。

「本堂は実に立派な造りで、須弥壇上部の天蓋も壮麗である。内陣の青銅や真鍮の仏具はことのほかすばらしい。陽の光が射し込んで畳を照らし、金色の厨子の中の釈迦牟尼の像（阿弥陀如来）にふり注いでいる。」

アイヌの人々については、「この地のアイヌはスペイン南部の人と同じくらいに浅黒く、非常に毛深い。またその表情は生真面目で哀愁を帯びている。私が彼らの言葉をうまく発音できない時に微笑むその顔には心に打つ優しさが浮かぶ。その美しさはアジア的ではなくヨーロッパ的である」と述べ、最後に「私は秋の真昼の美しさに包まれて眠っているような有珠を後にした。後ろ髪をひかれる思いだった。これほどまでに私を魅了した場所はこれまでなかった」と結んでいます。イザベラ・バードが有珠の自然、アイヌの人々に抱いた驚きと感動が伝わってきます。

7 文化と歴史の遺産「有珠善光寺自然公園」と「有珠善光寺」

有珠善光寺自然公園は道南の桜の名所として知られており、花見の時期になると大勢の観光客や見物客で賑います。園内にはエゾヤマザクラをはじめ、ソメイヨシノやシダレザクラなど約1000本もの桜の木があり、各品種が順次咲くため、長期間花見を楽しめます。こうした美しい公園となったのは、明治時代に有珠地区の人々が将来の桜見物のために植樹したことがはじまりです。園内に数ある桜の中でも名木として知られているのが、樹齢200年近いエゾヤマザクラの「石割桜」で、北海道の記念保護樹木にも指定されています（図4-11）。そのほか、大銀杏、石仏ナラなど樹齢200年以上の巨木も見ることができます。

図 4-11　明治時代に植樹した有珠善光寺の桜

園内には桜のみならず、花や自然を楽しめます。桜が咲く一足前にはカタクリが見ごろで、群生地もあります。さらに6月にはツツジや牡丹が咲き、7月にはカスミソウ、夏には紫陽花が咲き誇ります。とりわけ有珠善光寺の本堂周辺で目にできる淡い紫色や水色の紫陽花は見事です。そして秋には公園内の紅葉が訪れる人々を魅了します（図4－12）。

有珠善光寺自然公園のもうひとつの見どころは、太古の有珠山噴火の痕跡が残っていることです。園内各所に点在する巨岩や巨石は、第2章で紹介したように、いまから約1万6000年前の有珠山の噴火活動で山頂部が大規模に崩れ落ちて発生した「善光寺岩屑なだれ」の岩や溶岩の破片です。いくつもの巨石が公園の庭園に溶け込んでいる風景は、善

図 4-12　現在の秋の有珠善光寺

光寺公園の大きな特徴でしょう。

有珠善光寺は、活火山である有珠山の麓で、何世紀もの間、仏事を執り行ってきました。江戸時代に記録されている自然災害では、1611（慶長16）年の「慶長三陸地震津波」、さらに1663（寛文3）年、1822（文政5）年、1853（嘉永6）年有珠山噴火がありました。文政5年の噴火には八雲へ、嘉永6年の噴火には長万部へと、僧侶たちは仏具と共に避難し、寺の伝統を守ってきました。こうした歴史的経緯を踏まえ、有珠善光寺は、1974（昭和49）年に国指定史跡に指定され、2005（平成17）年には、版木・文書・仏具など62点が国指定重要文化財に指定されました(6)。

参考文献

（1）『インド仏教の歴史―「覚り」と「空」―』竹村牧男著（講談社学術文庫・2004年2月）
（2）『玄奘三蔵、シルクロードを行く』前田耕作著（岩波新書・2010年4月）
（3）『（現代語訳）新羅之記録』松前景廣著・木村裕俊訳（現代語訳）（無明舎出版・2013年3月）
（4）『厚岸・国泰寺と開祖文鎮和尚―文化元年・蝦夷三官寺成立事情』眞壁智誠著（北海道出版企画センター・1997年12月）
（5）『東蝦夷日誌、第三編』松浦武四郎著（1962年 復刻版）
（6）「重文、守り伝えて二〇〇年」木立真理著『伊達の風土』第33号（伊達郷土史研究会・2014年12月）
（7）『北海道開拓と本願寺道路』弥永北海道博物館編（弥永北海道博物館・1994年3月）
（8）『完訳 日本奥地紀行3 北海道・アイヌの世界』イザベラ・バード著・金坂清則訳注（平凡社・2012年11月）
（9）『明治初期の蝦夷探訪記』イザベラ・バード著・小針孝哉訳（さろるん書房・1977年10月）
（10）『伊達町史』伊達町史編纂委員会編（伊達町・1949年12月）

第5章

有珠場所・会所の歴史

1　有珠場所・会所の誕生

有珠地域は、古くからアイヌ民族の村（コタン）が多くあり、人々の生活は噴火湾でとれる海の幸に支えられていました。そうした豊かな海産物を求めて本州から来た和人との交易が盛んになり、そのための施設が作られます。有珠善光寺の海側に江戸時代まであった有珠場所・会所です。ここでアイヌの人々は、オットセイの皮や昆布、干し魚などと交換に米や酒、漆器や金属器を手に入れていました。

有珠場所・会所の存在は、この有珠地域が、当時の日本の国家体制に深い関係があったことを意味しています。つまり、有珠場所・会所の歴史を理解することは、有珠地域の近世の歴史を知ることと同時に、日本の歴史をも振り返ることにつながるのです。（図5－1）

アイヌの人々と中央政権との本格的な交易が始まったのは、16世紀末になってからです。この時代、中央では織田信長に代わり、豊臣秀吉が政権を執り、国家体制が整備されていきました。

一方、蝦夷島と呼ばれていた北海道には、渡島半島周辺に和人が住んでいましたが、日本の領土とはみなされず、中央からは外地といったあつかいでした。蝦夷で支配を強めていた豪族の蠣崎氏は、豊臣秀吉に臣従する意志を示し、中央から正式に蝦夷地一円の支配

図 5-1　有珠湾　略図（伊達家支配地引継書類より、開拓使、文書館）

者として承認を得ます。

その後、徳川家康が政権を握ると、今度は江戸幕府に服し、蝦夷地の支配権を認められました。この時、蠣崎氏は松前と改姓し、「松前藩」が成立します。

松前藩の初代藩主の松前慶廣（よしひろ）は、第4章で述べたように、1613（慶長18）年に有珠善光寺が受けた三陸地震津波被害を憂いて堂宇（如来堂）を修理した人物です。このことは北海道最古の歴史記録である「新羅之記録[1]」に記述されています。有珠場所が、いつ設置されたかを示す資料は発見されていませんが、こうした事実から推測すれば、この頃にはすでに有珠場所での交易がおこなわれていたことが想定されます。（表5－1参照）

本章では有珠場所の歴史を紹介していきます

が、まずは日本の国家体制がいかに成立されたかを次の項で振り返ってみたいと思います。

2　日本の国家体制整備の歴史

日本の歴史の中で、西暦3世紀頃から7世紀頃まで続いた大和政権（古墳時代）は、中国の社会体制や文化を吸収しながら、国の体制を形成していきました。それ以前の弥生時代は、本州以南では稲作の発展の中で、大陸文化から金属器（青銅器、鉄器）の活用などを受け継ぎ、物々交換による物資の流通活動がおこなわれていました。さらに食料などの物資の所有と分配、および流通のための社会経済システムが必要となり、またこれを守るための社会体制の仕組みも必要となっていきました。

こうしたなかで興った大和政権は、第4章でも述べたように、603年に聖徳太子が冠位を制定するとともに、翌年の604年には「17条憲法」を制定するなど、国家組織の骨格を形成しました。また、天皇を頂点とする大和政権の国家体制では、「屯倉（みやけ）」と呼ばれる皇室の直轄地を中心に、人民の労役を活用しながら、未開地を開拓し、耕地区画を広げていきました。

その後、大化の改新（645年）、大宝律令（701年）による身分制の制定、また奈良時代（710年）の律令制による国家体制が整備されました。この時、日本で初めて統一的な税制度である「租・庸・調」を導入して運営されていくことになります。この税制度は中国の事例を参考にしたものでした。さらに時代が進み、江戸時代のおよそ300年の間には「年貢」による税制度が整備されました。

しかし、北海道は、米を栽培できない寒冷地であるため、稲作中心の弥生文化が移入せず、北海道独自の擦文文化、アイヌ文化を経てきた歴史があります。そのため、松前藩は、日本で唯一の「無石」藩として、米の代わりにアイヌとの交易で得た珍しい品々や水産物、木材などの取引を行う独自の社会経済システムが形成されたのでした。

3 「新羅之記録」による松前慶廣[1]

「新羅之記録」は、北海道最古の歴史書といわれ、1646（正保3）年に松前藩の初代藩主松前慶廣の六男・松前景廣が編纂したものです。内容は上巻、下巻にわたり、松前藩の成立前後の歴史が記録されています。下巻は、1560（永禄3）年からの記録で、慶廣は13歳、北海道の守護職であった蠣崎家の第5世として生まれ、「蠣崎慶廣」と名乗っていた時代です。この年は、織田信長が「桶狭間の戦」で今川義元を破った年として有名です。
（蠣崎）慶廣は1590（天正18）年に加賀藩の前田利家とともに豊臣秀吉に拝謁し、秀吉との関係を築きました。1592（文禄元）年の秀吉による朝鮮出兵の際は、九州肥前名護屋城に参陣し、その際、秀吉から北海道の統治を任せるという「朱印状」をうけました。

その内容は

① 蠣崎氏の蝦夷地における交易権を認め、商船や商人は蠣崎氏に許可を得たものでなければ、交易を認めない。
② 蠣崎氏には、これまで通りの（税の）徴収権をそのまま認める。また蝦夷人に対しても、和人同様の待遇とするように。
③ 諸法度に背くものがあれば、秀吉がその処分を蠣崎氏に委任する。

その後、関ヶ原の戦いの後、徳川家康が全国を統一し、江戸時代になると、蠣崎慶廣は家康と懇意になり、1604（慶長9）年に次のような蝦夷地統治を許可する内容の「黒印状」を江戸幕府から受けると同時に、氏姓を「松前」に改めるよう勧められています。

黒印状の内容は、

① 諸国より松前へ出入りの者共、志摩守（しまのかみ）（松前慶廣のこと）に相断らずして、夷人と直に商売仕候儀、曲事（くせごと）と為さる可き事。

② 志摩守に断り無くして渡海致し、売買仕候儀は、急度言上致す可き事。
付、夷人の儀は、何方へ往行候共、夷次第に致す可き事。

③ 夷人に対し、非分（身分・限度を越えること）申懸は堅く停止の事。
上の条々、若し違背の輩においては、厳科に処す可き者也。

4 北海道の場所制度の歴史と有珠場所・会所[(1)–(11)]

北海道の場所制度の歴史について本質的な理解をするためには、多くの参考資料を読み、先住民族であるアイヌの人たちがどのような不当な扱いを受けたのか、当時の状況をよく知ることが大切です。

資料の中でも最も価値が高いと筆者が考えるのは、高倉新一郎氏の『アイヌ政策史』[(11)]です。この資料は十勝（帯広）出身の高倉氏が、北海道大学の助教授であった時の出版物で博士論文の内容と思われます。北大農学部農業経済学の伝統は、その源流を日本最初の高等農業専門学校である札幌農学校に持ち、「Boys Be Ambitious」の言葉で有名なアメリカ人教頭、W・S・クラークの教えをいまに継承しています。国際連盟次長として国際的にも活躍した新渡戸稲造は二期生で、先輩学生からクラークの教えを学んだひとりです。

大学には、こうした先人たちが遺したさまざまな資料が蓄積されており、例えば、1776年に独立したアメリカ合衆国の「奴隷解放」についての資料なども有しています。高倉氏はそれらを深く理解し、『アイヌ政策史』を執筆していることがわかります。

本項では、高倉氏の『アイヌ政策史』を資料の中心に据えて、北海道の場所制度、あるい有珠場所・会所について述べていきたいと思います。

有珠場所を含む北海道の場所制度の歴史は大きく分けて4期に分類されています。

第1期：前期松前藩時代　文禄2（1593）年―寛政10（1798）年　200年間
第2期：前期幕領時代　寛政11（1799）年―文政3（1820）年　20年間
第3期：後期松前藩時代　文政4（1821）年―安政元（1854）年　32年間
第4期：後期幕領時代　安政2（1855）年―慶応3（1867）年　12年間

（1）第1期：前期松前藩時代

藩士の知行地

松前藩による場所制度の第1期の約２００年間は、どのような状況だったのでしょう。前述したように、豊臣秀吉からの「朱印状」や、徳川幕府からの「黒印状」の内容にもあるように、先住民アイヌに対する対応は、許可なく交易などを行うことは禁止され、松前藩の管轄下に置かれたものでした。

松前藩が他藩と異なっていた点は、領内に稲作が出来ず、米の産出がなかったことから、藩士に対して、俸禄として知行（領地から年貢などを徴収する権利）を与えることができなかったことです。

そのため松前藩は、蝦夷地をいくつもの場所に区画して直領地と知行地に分け、藩主は、直領地での交易をはじめとして、和人地の一般領民から税金を徴収したり、砂金・鷹などの軽物の専売収益によって財政を賄いました。さらに藩士に対しては、蝦夷地を知行地として与え、アイヌの人々との交易の独占権を与えました。

藩士たちは、アイヌの人々が生活に必要とする物資を1年に1回ないし2回、船で知行地へ運び、アイヌの人々が捕獲した魚類や鳥獣類および、大陸との交易（山丹交易）で手に入れた珍しい品物などと物品交換して帰り、それらを城下で商人に売り、これによって得たお金が藩士の生活の糧となっていました。このように藩士たちは、アイヌと交易する権利を有する場所（地域）や、税徴収の権利を有する場所を持っていたことから「場所持」と呼ばれていました。ただし、アイヌとの交易は、知行地内の各アイヌと直接おこなうのではなく、アイヌ集落の代表者との間でおこなわれました。

ここでいう場所は「商場（あきないば）」と呼ばれ、必要物資を船で運ぶため、海岸沿いの船繋ぎのよい場所で、なおかつアイヌの人々の漁猟の場であり集落の近くに設置されました。「商場」という呼称は、元禄末頃まで使われていましたが、元文期（１７３６—１７４１）には「運上場所」と呼ばれるようになりました。場所の数は、元文４（１７３９）年頃には東蝦夷地に27カ所、西蝦夷地に26カ所あり、寛政年間（１７８９—１８０１）には東蝦夷地に41カ所、西蝦夷地に42カ所と増加していきました。

アイヌ交易と請負人の発生

場所持の藩士が、知行地として与えられた場所・商場へ行き、その地域に居住するアイヌ代表者と交易をするには、まずその場所へ行くための船の許可を藩から得なければなりませんでした。そして松前で交易に必要な物資、即ちアイヌの生活に必要とする米、醤油、味噌などの食料品、さらに酒、煙草などの嗜好品や衣料品、鍋、釜、糸、針、釘などの日用雑貨など、あらゆる物資を仕込み、船に積んで、場所へ向かいました。

この船は、大体200石から大きくて500石積で、釘を用いず、木の皮で作った縄で板をつなぎ、これを船の縁に取り付けた形状で、縄綴船(なわとじぶね)と呼ばれていました。港が不備で、交通の発達していない蝦夷地では、この船は軽くて、河口や砂浜に引き上げておくためにはかえって便利で都合が良かったのです。交易船は大体1年に1回か2回、場所へ行きましたが、藩政早期にはこれも定まっていませんでした。

交易場所へ到着した知行主は、持参した物資を土産としてアイヌに贈り、これに対してアイヌは、知行地内で捕獲した魚や獣皮、獣鳥などの産物や、彼らの手製の品物などを返礼として知行主へ贈り、互いに友好の意を表しました。

このように交易を行う商場所は、知行地の中でアイヌが沢山住んでいる集落場所、即ちコタンや、交通の便利な場所が選ばれ、アイヌの首長の家か、仮小屋を建て、そこで交易が行われました。この交易も、時代と共に交易物資の種類や数量も増加し、また松前での売買も複雑化するにつれて、その煩わしさから、武士が直接手を下していく方法では限度が生じ、資金を持つ商人に委託されるようになりました。請負ったのは、主として近江出身の商人(近江商人)たちでした。

松前城下での売買から、次第に商場所でのアイヌ交易を委任されるようになった商人たちは、「場所請負人」と呼ばれ、その発生は江戸時代中期の1716（享保元）年頃とされ、当時は藩士自ら経営する場所持と、請負人に任せる場所持が混在していました。

その後、1739（元文4）年頃には東蝦夷地の商場は27カ所のうち3カ所、西蝦夷地26カ所のうち4カ所のみが藩士による経営で、その他は商人による商場が占めるようになりました。

（2）第2期：前期幕領時代

「場所請負制」とは、すなわち武士たちが運上金を支払った商人たちに地方統治を肩代わりさせ、アイヌとの交易をする権利を認めたということです。1785（天明5）年から1786年にかけて蝦夷地を調査した最上徳内によって書かれた『蝦夷草紙別録』には有珠場所の最初の記録として、知行主は新井田浅次郎で、場所請負人は浜屋兵右衛門と記述されています。その後、1791（寛政3）年に知行主が細見磯右衛門、請負人は谷藤屋覚右衛門となります。この寛政時代には、松前藩の蝦夷地の場所及び知行主の合計は88カ所にものぼったようです。

蝦夷地の交易の拡大によって場所制度はさらに発達し、幕府の収入も莫大なものとなりました。当時の蝦夷地の海産物は、なまこ（いりこ）、鮭、鱒、アワビ、昆布、魚粕などが大量に生産され、米、麹、酒、塩、たばこ、鍋など本州の多くの物と交換されました。

その後の外国船来航の影響などもあり、1799（寛政11）年に幕府は松前藩から知内以東知床までの地を上地（あげち）し、請負人を廃止し直捌制が始まりました。この時、85両の運上金をもって橋本屋孫兵衛が有珠場所を請負っていましたが、1812（文化9）年には、現代における民営化と同様に、幕府は直捌制を廃止して入札により請負制度を再開します。その結果、箱館の高田屋嘉兵衛などの商人から合計2万両程度の運上金の収入を確保しました。この時期の有珠場所の請負人は箱館の「和賀屋卯兵衛」で運上金は216両3分2朱でした。

さらに幕府は、増加しつつあった入植者への仏事対応や外国船への対応などのため、1802（享和2）年に蝦夷三官寺の一つとして有珠善光寺を整備しています。

前述したように有珠会所の始まりは古く、1613（慶長18）に松前慶廣が善光寺堂宇を再興した際にはすでに設置されていたことがわかっています。それからおよそ180年後の1789（寛政元）年、和人商人によるアイヌ民族への非道行為が原因で「クナシリメナシの戦い」が起きます。この際、松前藩が馬20頭を有珠会所に預け、箱館・有珠・様似間の運搬などに使用されました。さらに1799（寛政11）年頃には道路が多数開削され、宿泊機能が設けられ、宿泊と人馬継立が開始されています。

その後、1803（享和3）年以降、有珠、長流あたりの原野は、馬を飼育するに適するとの判断から、有珠・虻田牧といわれる幕府の牧場開発がすすめられました。さらに文政年間（1818年―1830年）には松前城下福山において有珠・虻田牧産の馬市が立ち、津軽・南部などの博労（ばくろう）が取引していたようです。

（3）第3期：後期松前藩時代

幕府の蝦夷地直轄支配では、松前藩の旧弊を改革し、先住者であるアイヌに対する対応や教導および施設などを整備し、産業も画期的な進展をみせるようになりました。しかしその内容は、アイヌ民族を同化し、北海道に封建制度の確立を図り、支配力の増強をめざしたものでした。

ところが、幕府の蝦地直轄は長く続きませんでした。ヨーロッパにおけるナポレオン戦争（1796―1815）などの影響で、ロシアのアジアに対する進出意欲が低下したことから、幕府の蝦夷地に対する防衛対策も消極的になっていったのです。さらに復領を望む松前藩のさまざまな工作もあり、1821（文政4）年に蝦夷地は再び松前藩によって統治されることになりました。

しかし、その後の松前藩の蝦夷地支配の様相は、以前とは大きく変容していきました。財政難にあえいだ知行主の藩士たちは、現地のアイヌ民族と取引する権利を商人にさらに一任するようになったのです。請け負った商人たちは、利益のみを優先し、アイヌの人々に対しては以前のような交易相手ではなく、労働者として支配していきました。アイヌの男たちには強制的に過酷な労役や出稼ぎをさせ、女性、子供、老人たちは放置されました。こうしてアイヌ社会は筆舌に尽くしきれない悲惨な状況に追い込まれ崩壊していったのです。

加えて、1831（天保2）年には有珠場所にも外国船が停泊するなどして、国防体制について大きな課題となっていきました。

この時代には有珠山の噴火も続きました。1822（文政5）年にオガリ山が形成される大噴火があり、南西麓の一村が全焼し、50名の死者を出す災害に見舞われました。さらに前述した有珠・虻田の牧場の1500頭近くいた馬のうち、かなりの数が斃死してしまいました。1853（嘉永6年）の噴火も大有珠岳が形成されるほどの大規模なもので、有珠善光寺の僧侶の日記や幕府への報告書などに詳しく記録されています。

（4）第4期：後期幕領時代

大有珠岳が形成されるほどの大噴火が起った1853（嘉永6）年、日本にとって衝撃的なできごとがありました。アメリカ海軍のペリー提督が軍艦を率いて浦賀に来航し、開国を迫ってきたのです。その結果、1854（安政元）年に下田と、松前の近くの一漁村であった箱館が開港することになりました。幕府はアメリカとの通商条約対応などのために、蝦夷地に箱館奉行をおき、再び幕府が直轄することになりました。

また蝦夷地の警護は、前期幕領時代には松前藩のほかに南部藩と津軽藩が当たっていましたが、後期幕領の時代にはこれに加えて、仙台藩と秋田藩が追加され、5藩の体制となりました。場所請負人やアイヌに対する対応も文書に詳しく残っており、アイヌに対しては同化政策などを推進するものでした。有珠場所の場所請負人は1812（文化9）年以降、和賀屋宇兵衛、和賀屋孫十郎、和賀屋孫四郎となり、1868年の明治維新まで続きました。またこの頃、有珠地域を訪れた松浦武四郎は、「回浦日記」[7]に有珠地域の詳しい実情を残しており、その他の幕府関係者の調査報告からも当時の様子を詳しく知ることができます。（図5－2）

図 5-2　有珠会所の図（文献[12]より（伊達市刊行））

（5）場所制度の搾取的問題点

松前藩が蝦夷地（北海道）の経営を開始してから、幕府の直轄時代を含めて、明治維新に至るまで約300年の間に、先住民であるアイヌの人々の社会と暮らしは破壊されていきました。特に場所請負人によるアイヌ支配は苛烈極まりないものでした。こうしたアイヌ民族搾取の歴史について、関係資料をよく読んで理解することは、有珠場所の歴史を知る上でも大切なことです。

有珠場所の遺構は残念ながら残されていませんが、当時の様子は、余市場所運上屋の遺構などから推察できます。（図5－3、図5－4）

場所請負人の中心であった近江商人の思想・行動哲学に三方よし「売り手よし、買い手よし、世間よし」の家訓があったといわれています。売り

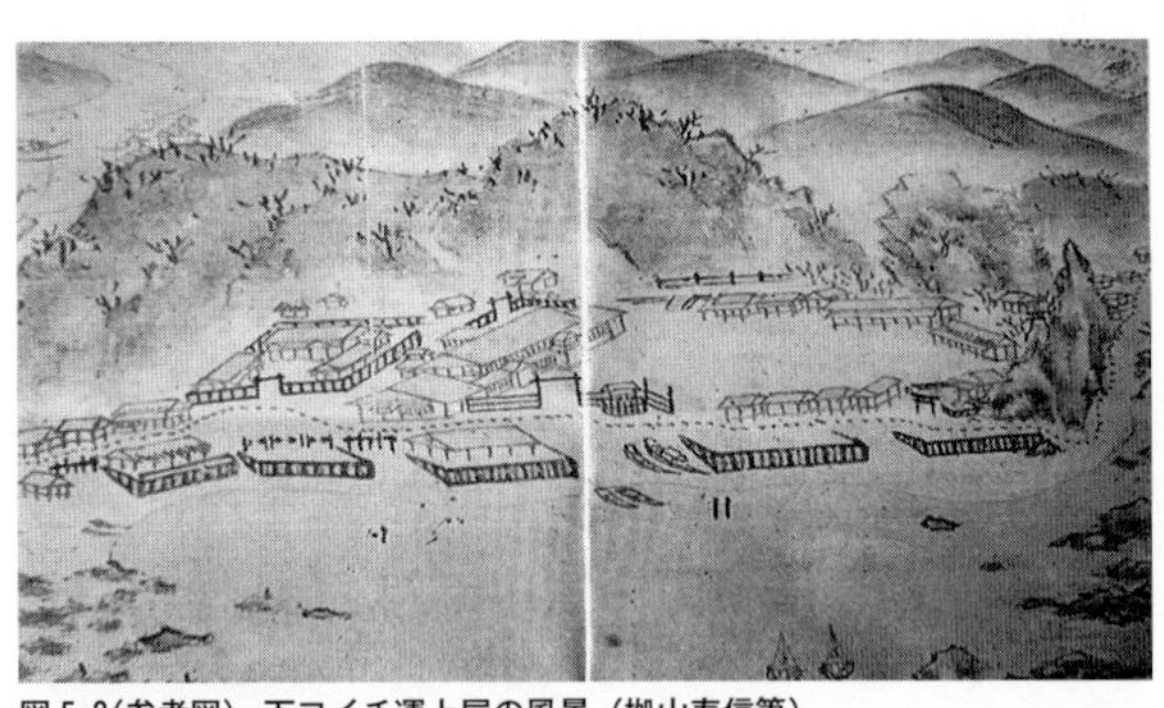

図 5-3(参考図) 下ヨイチ運上屋の風景(拠山寿信筆)
(江戸時代の会所施設配置の参考図、手前が海岸)

手の都合だけで商いをするのではなく、買い手が心の底から満足し、さらに商いを通じて地域社会の発展や福利の増進に貢献しなければならないという商人の哲学です。しかしながら、この時代、蝦夷地での商いには、このような哲学は当てはまらなかったようです。

5 有珠場所・会所周辺の歴史を継承し後世へ[(1)(2)(13)(14)—(17)]

これまで述べたように有珠場所・会所周辺の湾岸地域は、流下岩屑物が湾岸で漁礁の役目を果たし、海洋生物が棲息しやすい豊かな海が広がっていました。これらの生活資源を背景に有珠地域には、ウスコタン、マクンコタン、ピスンコタンなど約1000年前位からアイヌコタンがありました。

自然の恵みは和人たちにも注目され、古くから有珠場所・会所が設置されました。江戸時代には、箱舘

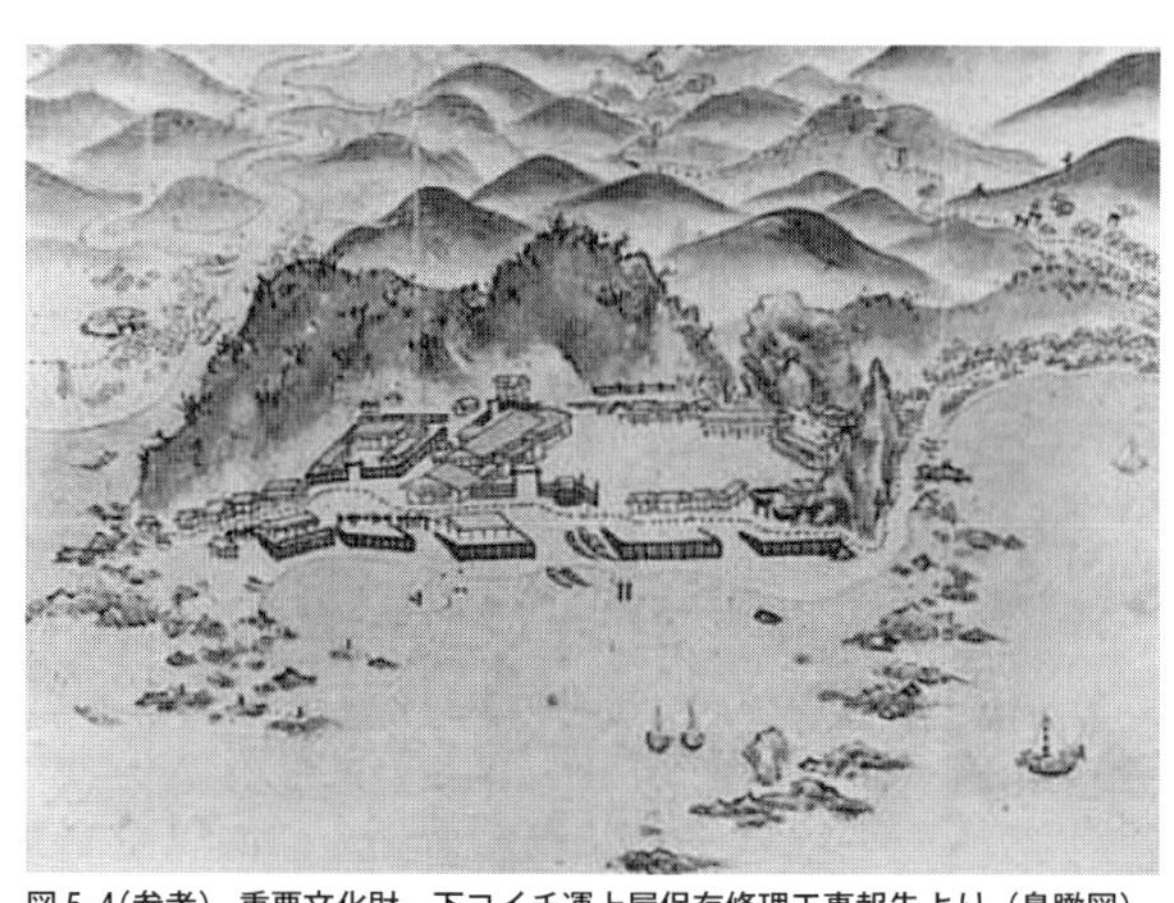

図5-4(参考) 重要文化財 下ヨイチ運上屋保存修理工事報告より(鳥瞰図)

(松前)から様似、西蝦夷方面(道東方面)などをつなぐ中継基地として、また馬産施設の設置など、道内有数の場所・会所として大きな役割を果たしてきました。また第2章で述べたように、江戸時代には、有珠山が1663(寛文3)年と1769(明和6)年に噴火しています。特に1663年の噴火は、有珠山が数千年の眠りからさめて、小有珠が発生するほどの大噴火だったことが、幕府への報告の資料などからわかります。

その後、明治維新を迎えて、亘理伊達家移住者が有珠場所・会所の機能を引き継ぎ、アイヌの人々とも共存しながら、地域貢献を果たしてきたことは周知の事実です。

こうした有珠地域の400年以上にわたる歴史を継承し、後世への橋渡しとするために、

「有珠場所・会所」の物理的な復元整備とともに、有珠善光寺周辺環境の整備・保存をすることが必要だと考えます。北海道は本州に比べて中世および近世の歴史的遺構は多くありません。有珠地域の歴史的施設及び歴史的環境を保存・復元することは、北海道の歴史と文化の理解をさらに深めることにもつながるのです。

表 5-1　有珠場所の年表 (12)

西暦	和暦	歴史事項
1611	慶長 16	慶長三陸沖地震津波　噴火湾にも到来　被害発生
1613	慶長 18	松前慶廣　有珠に至り、有珠善光寺如来堂の再興をはかった (この当時、現在の位置より南東 750m のところに再興された)
1640	嘉永 17	駒ヶ岳噴火　大津波が有珠善光寺に至る
1663	寛文 3	7 月有珠山の大噴火
1669	寛文 9	シャクシャインの蜂起 この頃、有珠場所は松前藩士浅里猪之助の知行地として商場が置かれていた 有珠には 30 軒のアイヌの家があった
1786	天明 6	有珠場所は新井田浅次郎の知行地となり、浜屋兵右衛門が請け負っていた
1791	寛政 3	有珠場所は細貝磯右衛門の知行地となり、谷藤屋覚右衛門が請け負っている 6 月、菅江真澄が有珠山に登っている
1799	寛政 11	幕府は東蝦夷地（有珠を含む）を直轄し、請負人を廃して、直捌制にした 当時　有珠場所は橋本屋孫兵衛が 85 両の運上金をもって請け負っていた

西暦	和暦	歴史事項
1804	文化元	箱館奉行戸川安論、原新助を牧場支配取調役に任じ、有珠虻田牧を設置した 有珠善光寺を蝦夷官寺に定め、新たに伽藍堂宇が建築された
1807	文化 4	原新助この地に死亡、有珠善光寺に葬られた
1809	文化 6	有珠牧場内平野牧に牧士寺田佐野助、豊沢牧に柏木元助、岡山牧に村田卯五郎が在勤した 有珠場所の戸数 78 戸、328 人を数える
1812	文化 9	幕府　直捌制を廃止、入札により請負人を定めた 運上金 216 両 3 分 2 朱をもって箱館の和賀屋卯兵衛が落札　請負人となる
1821	文政 4	12 月　東蝦夷地の直轄を廃止、松前藩に復領された 有珠場所地域は絵鞆（室蘭）勤番所の管轄となる
1822	文政 5	有珠山の噴火あり、被害甚大、牧場 1,430 頭焼死する 有珠場所の戸数 103 戸、417 人となる
1827	文政 10	有珠場所請負人和賀屋卯兵衛、更新し運上金 100 両に減額された
1834	天保 5	有珠場所請負人和賀屋孫十郎、運上金 1 カ年 105 両となる
1841	天保 12	有珠場所請負人和賀屋孫四郎となる
1845	弘化 2	松浦武四郎、有珠を通過　「蝦夷日誌」を残す
1853	嘉永 6	有珠山の大噴火あり、大有珠岳ができた
1857	安政 4	有珠場所の戸数 95 戸、481 人となる
1859	安政 6	有珠場所は南部藩南部美濃守の警護地となる
1867	慶応 3	徳川慶喜　大政奉還
1869	明治 2	有珠場所は有珠郡となり、8 月 23 日伊達邦成が有珠一郡の支配を許可される
	9 月 24 日	邦成　蝦夷支配地調査のため、亘理を出発、10 月 20 日有珠に到着する
	11 月 8 日	邦成ら有珠を出発、12 月 12 日亘理に帰着する （以後　移住の歴史が始まる）

参考文献

（1）『（現代語訳）新羅之記録』松前景廣著、木村裕俊訳（無明舎出版・2013年3月）
（2）『新北海道史　第2巻通説11』北海道史編集所編（北海道庁・1970年4月）
（3）『北海道史要』竹内運平著（北海道出版企画センター・1977年復刻版〈1933年初版〉）
（4）「明治維新と武家の北海道移住―有珠郡における新たな共同体形成」三野行徳著『旅の文化研究所研究報告』No.23・2013年12月）
（5）『伊達町史』（伊達町史編纂委員会編・1949年12月）
（6）『東蝦夷日誌　第三編』松浦武四郎著（1962年復刻版）
（7）「蝦夷地幕領化政策の意義―「休明光記」からみた奥場所の開発」佐藤宥紹著『北海道の研究4　近世編Ⅱ』（清文堂出版・1982年12月）
（8）『北海道舊土人保護沿革史』北海道廳（1981年4月復刻版〈1934年3月初版〉）
（9）『蝦夷地場所請負人』ロバート・G・フラーシェム、ヨシコ・N・フラーシェム著（北海度出版企画センター・1994年5月）
（10）『新稿伊達町史　上巻』渡辺茂編著（三一書房・1972年2月）
（11）『アイヌ政策史』高倉新一郎著（日本評論社・1942年年12月）
（12）『朔北に挑む―伊達士族の移住と開拓―』伊達市（北海道出版企画センター・1980年3月）

（13）「１６４０年に有珠を襲った巨大津波を『掘る』」添田雄二著『噴火湾文化』Vol.6・２０１２年３月）

（14）『北海道の研究１　考古篇Ⅰ』野村崇編（清文堂・１９８４年２月）

（15）「有珠地区のアイヌ語地名について」福田茂夫著『伊達の風土』創刊号（１９８２年８月）

（16）「貝殻構成内容から見た向有珠２遺跡の特徴について」福田茂夫著『伊達の風土』第11号（１９９２年10月）

（17）「昔の汀線を旧地名から探る」池田実著『伊達の風土』第12号（１９９３年12月）

第6章

明治維新以降の有珠の歴史

1　明治・大正時代の有珠の歴史[1-9]

前章で述べたように江戸時代末期の有珠地区の状況は、北海道立文書館に残されている多くの開拓使公文書「有珠郡引継書類」[9]（図６－１）から詳細に知ることができます。

図 6-1　有珠郡引継書類[9]

江戸末期には、有珠場所・会所や有珠善光寺を取りまくように３００人以上のアイヌ民族が暮らしていました。アイヌの人々の暮らしは、自然と共生したもので、いわば現代のＳＤＧｓに通じる環境であったといえます。
また有珠山山麓の有珠牧場で馬を飼育する和人もわずかに生活していました。

一方、本州では「明治維新」へと続く、日本にとって大きな社会変革の動きが始まりました。これは日本が近代的な国家を目指すための必然的なできごとといっていいでしょう。

そして、有珠地区にも、そうした時代の大

波が押し寄せてきます。戊辰戦争で幕府軍が敗者となり、佐幕派だった仙台藩一門の亘理伊達家は北海道開拓を決意し、有珠郡へと移住します。この章では、亘理伊達家と家臣たちによる入植当時から現代にいたるまでの社会変化のなかで有珠地区の歴史を考えてみたいと思います。（表6－1、表6－7参照）

（1）明治維新前後の北海道の状況

1867（慶応3）年旧暦10月15日、江戸幕府の第15代将軍徳川慶喜は、200年以上にわたる政権を朝廷に返上します。これを大政奉還といいます。2カ月後の12月9日、薩摩藩を中心とした討幕派は、明治天皇の名で王政復古の大号令を発し、ここに明治政府が誕生します。これによって蝦夷地の統治は、幕府の手をはなれ、新政府に帰属しました。当時北方の情勢はロシアの東漸南下政策が活発となり、次第に北蝦夷といわれていた樺太にも迫っていました。

明治政府は、まず北に対する備えを強化するため、箱館裁判所を1868（慶応4）年4月12日に設置するとともに、蝦夷地経営の大綱を決定しました。すぐに清水谷公考（しみずだにきんなる）を総督として100人程度の随員が箱館へ向けて京都を出発、敦賀港から航行して江差に上陸

ジョン・バチラー・八重子	日本・外国の主な歴史
	1600　関ヶ原の戦
	1603　徳川幕府
	1688　（英）名誉革命
	1776　アメリカ独立宣言
	1789　フランス革命
	1800　伊能忠敬蝦夷地測量
	1825　幕府、異国船打払令
1854　ジョン・バチラー英国に誕生	1853　ペリー浦賀に来航
	1867　大政奉還
	1869　藩籍奉還
	1871　廃藩置県
1877　函館渡来	
1879　平取コタン初訪問	
1884　ルイザ夫人と結婚	
1884　向井八重子、有珠に生れる	
1887　正式のアイヌ伝道者に任命	
1888　幌別に「愛隣学校」設置	1889　明治憲法発布
1892　札幌に転居	
1896　有珠聖公会建設	
1898　アイヌ・ガールズ・ホーム建設 （向井八重子も通う）	
1899　北海道旧土人保護法発布	
1906　向井八重子を養女にする	
1908　八重子、養父母と英国へ	
1912　八重子、樺太で伝道活動	
1923　アイヌ保護学園設立 （後にバチラー学園となる）	

表 6-1　明治大正時代の有珠の歴史[10]

西暦	時代	有珠の出来事
827	天長 3 年	有珠善光寺如来堂建立
1459	長禄 3 年	コシャマインの抵抗、善光寺被災
1613	慶長 18 年	善光寺再興（松前藩祈願所）
1663	寛文 3 年	有珠山大噴火
1772	安永年間	有珠場所開設
1799	寛政 11 年	有珠会所設置
1804	文化元年	善光寺再建（徳川幕府直轄）
		延命地蔵尊安置
1807	文化 4 年	有珠牧場開設
1808	文化 5 年	大臼山神社奉祀（幕府会所内）
1822	文政 5 年	有珠山大噴火（牧馬 1553 頭斃死）
1845	弘化 2 年	大雪被災（牧馬多数斃死）
1853	嘉永 6 年	有珠山噴火（大有珠誕生）
1868	明治元年	和人 30 戸、先住民 80 戸余在住
1869	明治 2 年	伊達邦成開拓調査（有珠会所）
1870	明治 3 年	伊達邦成家臣移住（会所本拠）
1871	明治 4 年	有珠村となる（郡区編制）
1872	明治 5 年	農業開墾始まる
1882	明治 15 年	札幌県有珠村となる
1884	明治 17 年	有珠小学校創立
		有珠巡査派出所設置
1891	24	ジョン・バチラー有珠に布教
1892	25	亜麻栽培始まる
1893	26	国道竣工
1894	27	マッチ軸木生産始まる
1895	28	消防組合設置
1897	30	大臼山神社建立
1900	33	伊達村に入る（町村制施行）
1901	34	水産組合設置
1903	36	有珠青年消防組合設置
		有珠第二小学校設置
1907	40	川芎（センキュウ、セリ科）栽培繁栄
1908	41	吉野桜 3,000 本植樹
1910	43	有珠山系噴火（明治新山誕生）
1915	大正 4 年	海苔養殖始まる
1916	5	牡蠣養殖始まる
1917	6	有珠漁業組合創設
		有珠畜牛組合創設
1918	7	有珠信用購買組合創設（農業）
1919	8	鮑（アワビ）養殖始まる
1921	10	有珠の桜の名所　全道に知られる
1922	11	延命地蔵尊堂改築
1925	14	伊達町字有珠村となる

し、4月26日に五稜郭に到着しました。そして、5月1日をもって、清水谷総督と旧箱館奉行松浦誠との間に、引き継ぎ事務が平穏裏に終了し、旧幕府奉行所の吏員も人材に応じてそれぞれ任用されることになり、蝦夷地全島が名実ともに新政府の統治下に属します。

ところが、東北地方の情勢は風雲急を告げる事態になっていました。仙台藩を盟主として、奥羽、北越の諸藩は「奥羽越列藩同盟」を結成し、新政府から朝敵として征伐の対象となった会津・庄内（桑名）の両藩を助けるため、旧幕臣など佐幕派と合流し、新政府に敵対することになり、東北地方を巻き込む戊辰戦争が始まっていたのです。旧江戸幕府軍の海軍副総裁であった榎本武揚（えのもとたけあき）は蝦夷地に新政府を樹立しようと画策するなかで、箱館奉行所の警護に来ていた南部藩兵は、8月12日に陣屋を焼き払い、外国船を雇って箱館を後にしました。その他の藩兵も、8月15日に茅部から船に乗って室蘭に上陸し、さらに有珠に至り、そこで有珠場所にいた船を乗っ取り、南部藩に撤退帰藩します。

そしてついに、新政府軍と旧幕府軍の最後の戦いが箱館で起きました。榎本武揚率いる旧幕府軍艦隊は、10月20日に鷲ノ木の海岸に到着すると二手に分かれて進撃し、26日に五稜郭を占拠します。これに対して新政府側は、黒田清隆を中心に青森で軍容を整え、海陸両道から反撃を開始します。1869（明治2）年3月、甲鉄船艦の来援を待って、宮古湾の海戦を始め、4月には江差を陥落し、5月4日大挙して箱館および弁天崎砲台を攻撃し、ついに5月18日、榎本武揚は黒田清隆の勧告に応じて降伏しました。

＊＊＊＊＊

コラム5　なぜ江戸幕府は倒れたのか[11]

鎖国を実施していた幕府が、アメリカなどの列強国の圧迫に屈して開国を許したことは、外国人を夷狄（いてき）としてさげすむ習慣がついていた武士たちにとっては、耐え難い屈辱でした。それに加えて、開国によって経済が混乱し、武士の生活がますます困窮する一方、財力の持った商人に対して、「世直し」を唱える百姓一揆や打ちこわしがおこり、社会不安が広がりました。こうした事態に武士たちの間で、外夷を打ち払わなければならぬという考えがみなぎっていきます。そして、幕府に攘夷を実行する意志も力もないことがわかると、彼らは、京都の朝廷にその望みをかけるようになりました。つまり、開国に反対した朝廷の命令に幕府を従わせることで、朝廷の力をかりて自分たちの意見を幕府に取り上げさせようとしたのです。

ここで、彼らの政治運動の理論的武器となったのは、水戸藩の儒学者や、国学者などの唱えていた「尊王攘夷論」でした。特にこうした思想を最もラジカル（過激）な方法で遂行しようとしたのが、封建社会の矛盾を最も強く体験していた「下級武士」でした。彼らは藩政の上層部に働きかけ、あるいは「志士」と称して諸藩や公家の間を遊説して回り、京都はそのような政治運動の中心となっていきました。そして、このような動きが幕藩体制のもとでは止めることができず、最終的に幕府がたおれる引き金となったのです。

＊＊＊＊＊＊

コラム6 大政奉還と明治維新

１８６７（慶応３）年、ついに大政奉還がおこなわれ、王政復古の大号令が発せられました。しかし、江戸幕府による封建的支配体制が放棄されても、ただちに近代国家が成立したわけではありません。表向きは各藩の意志を尊重する「公議与論」の装いを取りながら、他方で新政権が次第に中央集権化を進めていったのです。

１８６９（明治２）年に版籍奉還、さらに１８７１（明治４）年の廃藩置県により旧藩の体制は名実ともに崩され、藩兵解散と徴兵令によって、新政府の実力的基礎が確立されました。また、１８７３年に公布された地租改正によって財政的基礎を打ち立て、農民からの収奪によって、政商を保護して特定の産業の育成を行いました。

この結果、社会の表面的な文明開化の華やかさにひきかえ、農民の窮乏をもたらし、やがてそれは藩閥政治への国民的反感となって国会開設運動に結集し、自由民権運動として発展しました。こうした動きのなかで、明治国家体制の整備が進められ、1889（明治22）年2月11日、国家の基盤となる大日本帝国憲法（明治憲法）が発布されました。そして翌年には教育勅語が公表され、日本の文化思想も国家体制下に制約されていくことになったのです。

＊＊＊＊＊＊

（2）開拓使設置と有珠郡

蝦夷地開拓を再開した政府は、1869（明治2）年旧暦6月4日、中納言鍋島直正を蝦夷開拓督務に任じました。その後、7月8日に開拓使の設置が決まり、鍋島は開拓督務から開拓長官として着任しました。

蝦夷地開拓は、諸藩の分治統治の方針をとりました。亘理伊達家領主伊達邦成は北海道移住開拓を決断し、同年6月に政府に申請した結果、8月23日付で太政官から胆振国有珠郡の支配を許可されました。この間、蝦夷地は松浦武四郎の意見を取り入れて、北海道と改称され、有珠場所は有珠郡となっています。ちなみに有珠郡とは、有珠、長流、紋別、稀府（まれふ）、黄金蘂（おこんしべ）の5村のことをいいます。

亘理伊達家が北海道開拓を決断した理由は、戊辰戦争で新政府に敵対したことで、石高を62万石から28万石に減封され、領地が縮小されたことが大きな原因でした。仙台南の柴田、亘理などの5郡は、南部藩の領地となりました。亘理伊達家は、人口7854人を擁していましたが、約2万4千石の領地がわずかに58石にまで減じられてしまったのです。このまま亘理の地に住み続けるには南部藩の農民となるしかない状況に追い込まれた領主伊達邦成は、家老の田村顕允（あきまさ）（常盤新九郎）の意見を取り入れて、政府の北海道における藩分領支配制度に参加する決断をしたのです。目的は「兵農相兼ね、一つは北門警備の役割を果たし、2つは開拓に従事して自力の生活を確立し、北海道開拓の先駆けとして従事すれば、朝敵の汚名を晴らすことができる」というものでした。

田村顕允が北海道の有珠へと移住を建議した理由は、一説には年少の頃に日本全国を行脚していた亘理在住の勤王僧「揚林庵仏母」から蝦夷地の事情を聞いており、有珠善光寺や有珠の土地のことも知っていたからだといいます。そのうえ、亘理伊達家に出入りする商人からも、有珠地方の地味豊肥なことを聞いていたようです。しかし、北海道開拓使の官吏は、有珠地域が薄漁で、土地の半分は有珠山の火山灰で覆われているので、絶好の土地だとは考えていませんでした。

（3）有珠郡移住と開拓入植

明治政府にとって、北海道（蝦夷地）が未開地であるという意識は、「開拓使」という名称からもうかがえます。しかし、開拓地と呼ばれた移住先には、前述したようにアイヌ集落があり、そこには人々の暮らしがありました。アイヌ側の視点から和人の移住を見れば、それまでの場所制度の中で間接的だった和人との関係は、自分たちの漁場や土地に移住してくることで、直接的な関係に変化したのです。有珠場所および有珠地区の場合も、移住してきた武士たちとアイヌの人々の関係がどのようなものであったかを理解することが重要です。

有珠郡への第1次の移住準備は、1870（明治3）年正月より開始され、旧暦3月27日、移住者220人余と大工等職人が伊達邦成とともに亘理を出発しました。4月2日に箱館に到着し、開拓使で手続きをおこなった後、5日に箱館を出て、翌日室蘭に上陸。7日、室蘭を出て有珠へ向かいました。老人婦女子は、馬の背やアイヌに背負われるなどしながら移動し、同日午後2時ごろ有珠会所に到着し、会所の小屋や周辺のアイヌコタンに

図6-2　有珠到着の想像図　小野潭画・参考文献[8]より引用
（伊達市教育委員会蔵）

分宿しました。この時、有珠の人びとは、北海道では何よりの御馳走であった白米のご飯と、有珠湾で獲れたアサリの味噌汁とで歓待したといいます。

図6－2は第1次移住者が到着した時の想像図です。これを描いたのは小野潭（ふかし）という人物で、1876（明治9）年に伊達市弄月町で生まれ、農業のかたわら画家として活躍しました。作品のなかでも亘理伊達家主従の集団移住を主題にした「開拓絵画」シリーズはよく知られており、「だて歴史ミュージアム」にも展示されています。

また図6－3は、昭和5年10月に撮影された有珠の黄金地域付近の海岸風景です。遠くに有珠山がそびえおり、明治3年に室蘭に到着した亘理伊達家の一行がアイヌに先導されながら見た光景もこのようなものだったにちがいありません。

有珠郡への移住は、その後、第9次までおこなわれ合計で2650人余が渡道しました[4]。それは、亘理住民の約3割に匹敵します。

図 6-3　黄金海岸から見た有珠山[12]
（明治 3 年 4 月 7 日ここを通り室蘭から有珠を目指した）
㈱国書刊行会『ふるさとの想い出写真集』明治 大正 昭和「伊達」より

（4）有珠場所・会所の引き継ぎとその後の経過

亘理伊達家は、開拓使の政策である藩分領支配として有珠郡に移住しました。その体制は、家臣たちにアイヌの人々との関係を慎重に構築するよう訓示するとともに、開拓地の中心を有珠会所の所在する有珠から離れた紋別に設定し、有珠会所地域はそれまで通り、和賀屋に委任（105両で請負）し、場所の権益を侵害することなく開拓を進めようとしました。

士族開拓の厳しさの実情を具体的に知ることができる日記などの資料は残されていませんが、辻本もと子著『馬追原野』[13]（風土社、昭和17年）には、明治中期に夕張郡長沼町あたりに開墾に入った和人の厳しい生活の様子が描かれており、当時の状況の厳しさを知ることができま

図6-4　開拓小屋（明治3年）[12]
㈱国書刊行会『ふるさとの想い出写真集』明治 大正 昭和「伊達」より

す。（図6－4参照）
　こうして、有珠地域を中心とした会所による漁業経営は近世以来のままで継続する一方、移住者たちにより、紋別地域を中心に開拓が進展していくことになりました。
　ではこの時代、有珠郡のアイヌの人々の状況はどうだったのか、いくつかの統計をみてみましょう。表6－2をみると、有珠地区に住んでいたアイヌの人数は81戸397人で、他の地区に比べて圧倒的に多いことがわかります。また有珠に暮らすアイヌの人々は、表6－3に示すように、面積は小さいものの、それぞれの土地を開拓していたことがわかります。
　表6－4は、有珠場所・会所関係の和人が有珠山山麓で飼育していた馬の数で、この当時170頭でした。さらに表6－5では、有珠場

表 6-2　アイヌの人数（明治 4 年 11 月）(7)(9)

居留地	戸数	人数	男	女
有珠	81	397	210	187
長流	2	13	8	5
紋別	8	48	26	22
稀府	10	48	26	22
合計	101	506	270	236

表 6-3　有珠郡開拓概要 (7)(9)

	戸数	総坪数	1 戸平均
亘理伊達家中	329	635632	1932
永住人（牧士）	6	14588	2431
アイヌ	＊ 105	36750	350

＊：個所数　　明治 4 年

表 6-5　有珠場所のアイヌ人役人 (7)(9)

役名	給料
惣乙名	3000 文
惣小使	1500 文
並小使 1	1500 文
並小使 2	1500 文
並小使 3	1500 文
並小使 4	1500 文

表 6-4　有珠地区和人持ち馬数 (7)(9)

持ち主	馬数	駒	駄
A	27	9	18
B	12	2	10
C	42	13	29
D	11	4	7
E	39	12	27
F	6	2	4
G	33	11	22
合計	170	53	117

所・会所で働く6人のアイヌの役職員の給料が示されています。

ところが、1871（明治4）年に廃藩置県が実施されると、それは有珠場所・会所は開拓使に収公（没収）されることになります。それは、亘理伊達家が有珠郡の領主的立場から、開拓使帰属として住民（平民）となることを意味しました。

引継書類[9]によると、伊達士族が引継いだ有珠会所の施設など[7]は、鯡（ニシン）、昆布、鮭が主要海産物で、施設、建物は会所本体、通行家、御備蔵、板倉（2）、細工小屋、厩、秣（馬草、まぐさ）小屋8棟、番屋6棟他に付属の雑蔵などです。また船は移住人11隻、永住人と出稼ぎ人1隻、アイヌ96隻、馬170頭でした。

引継書類に基づいて当初の有珠場所・会所の役職員と手当を表6-6に示しています。この中の2番目と3番目の役職員が伊達士族移住者で、このうち「蔵回り・台所働」の役職員が筆者の先祖なのです。

表6-6　直漁場世話方及び番人の手当[7][9]

役職	年給
世話方	50両
台所主立	21両
蔵回り・台所働	18両
給士手伝1	12両
給士手伝2	12両
番人1	41両
番人2	40両
番人3	38両
番人4	38両
番人5	38両
番人6	28両
番人7	27両

こうした体制により元来漁業を基盤とし

た地域のほかに、それまで居住に適さなかった土地が移住者によって開墾され、農業を基盤とした有珠郡が新たに形成されていきます。それはいわばアイヌの人々と旧亘理伊達家の移住者との「民族共生空間」だったといえるでしょう。

(5) 開拓使招聘米国人のアドバイス[14][15]

黒田清隆は、1871(明治4)年に北海道開拓のアドバイザーをアメリカから招くため、渡米しました(当時のアメリカは、1776年に独立して以来、開拓事業を100年近く続けてきた国でした)。その結果、同年5月に当時の米国農務長官ホーレス・ケプロン他3人を雇い入れ、また開拓に必要な農業器機、動物および植物種子などを買い入れて帰国します。

ケプロンは、1875(明治8)年5月に横浜から帰国するまで、北海道開拓のためのさまざまな貢献をしました。

さらに1876(明治9)年、マサチューセッツ農科大学の学長だったウィリアム・S・クラーク(当時50歳)を新設の札幌農学校に教頭として招聘。この時、クラーク博士とともに、同大学のデビット・p・ペンハローも来日しました。

黒田清隆は、札幌農学校の教育方針についてクラーク博士と深く議論した結果、当時の学校制度では異例のキリスト教精神に基づく倫理教育を取り入れることになりました。札幌農学校の出身として広く知られる内村鑑三、新渡戸稲造、広井勇はクラークが帰国した後に入学した二期生です。しかし、彼らは一期生からクラークの思想や理念を受け継ぎ、日本の発展に尽くすとともに、クラーク博士の功績を後世へと伝えました。

クラーク博士といえば、「Boys Be Ambitious」が有名です。これは、1877（明治10）年4月に、9カ月間の滞在期間が終わり、札幌を離れる際に学生たちに残した言葉です。この帰国の途で、クラーク博士は、開墾の概況を視察するため、有珠郡に立ち寄っています。

その際、開拓の実践方法として以下のようなアドバイスを残しました。「アメリカの経験から牛馬の活用と、機械（プラウなど）の応用により1人の力をもって5人前、10人前の働きができる。また北海道は土地が広く、本州より米国風に大面積を耕作することができる。さらに甜菜という砂糖を作る大根のようなものを植えれば効果的である。来年帰国したら種子を札幌に送るので、分配を受けて試作すべし」

その後、生産した甜菜の糖分を分析した結果が良好だったことから、内務省勧業寮は、有珠郡紋別に甜菜精糖所を建設し、今日の発展につながっています。

図6-5　明治大正の有珠海水浴場[12]
㈱国書刊行会『ふるさとの想い出写真集』明治 大正 昭和「伊達」より

（6）明治・大正時代の有珠地域の風景

明治・大正時代の有珠地区の写真はあまり残されていませんが、3点の古い写真を紹介しましょう。**図6－5**は、有珠海水浴場、そして**図6－6**は有珠湾の写真です。さらに**図6－7**は、1908（明治41）年に有珠地域の住民が植樹した3000本の吉野桜の開花の様子です。

また**図6－8**は、明治時代の伊達地域の人口の変化を示しています。明治25年あたりから徐々に人口が増加している状況が分かります。

一方、**図6－9**は、1884（明治17）年に創立された有珠小学校の明治36年から44年までの卒業生数です。この図によれば、1903（明治36）年の卒業生は7名です。[16]

これに対して、**図6－10**に示した2020（令和2）

図 6-6　大正時代の有珠湾[12]（桟橋は虻田鉱山の鉄鉱石を運ぶため）
㈱国書刊行会『ふるさとの想い出写真集』明治 大正 昭和「伊達」より

図 6-7　有珠善光寺の桜花見[12]（明治 41 年 3000 本の吉野桜を植える）
㈱国書刊行会『ふるさとの想い出写真集』明治 大正 昭和「伊達」より

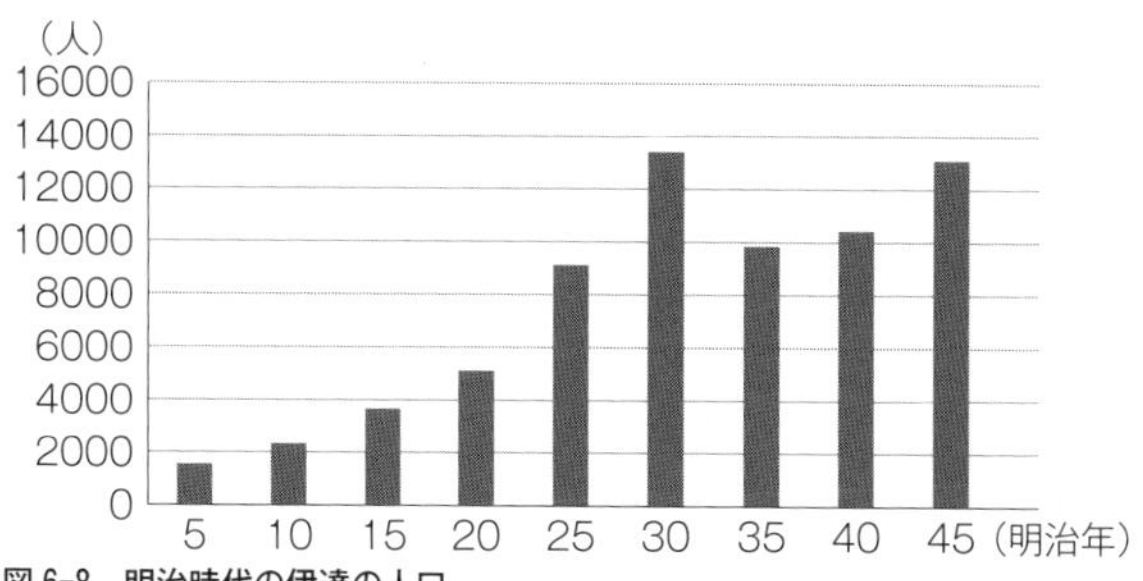

図 6-8　明治時代の伊達の人口

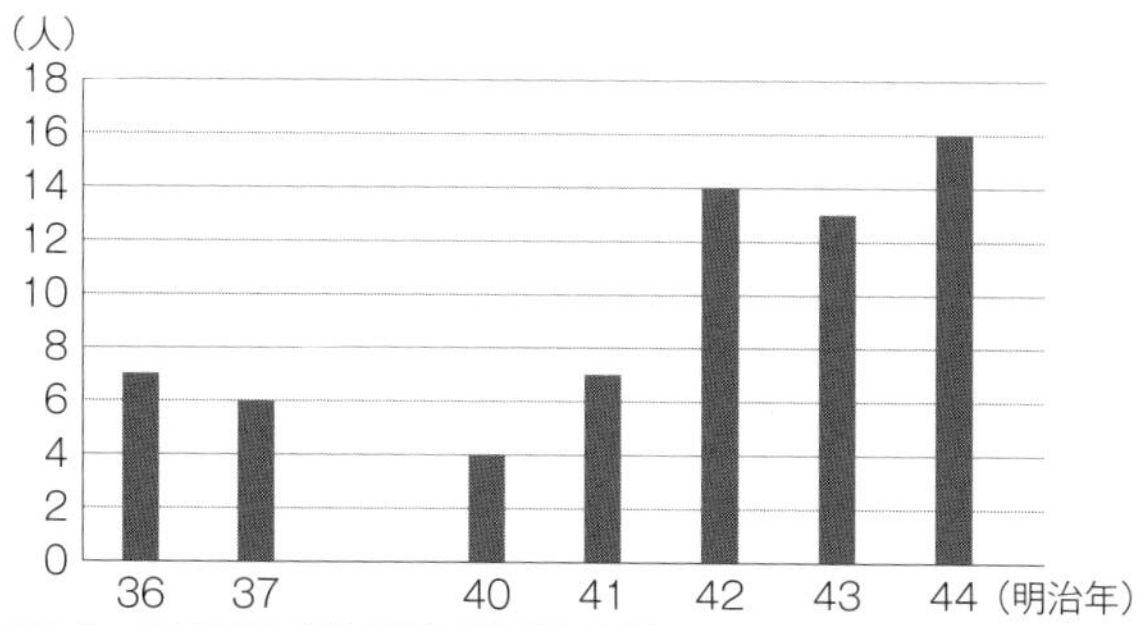

図 6-9　明治時代の有珠小学校の卒業生数(16)

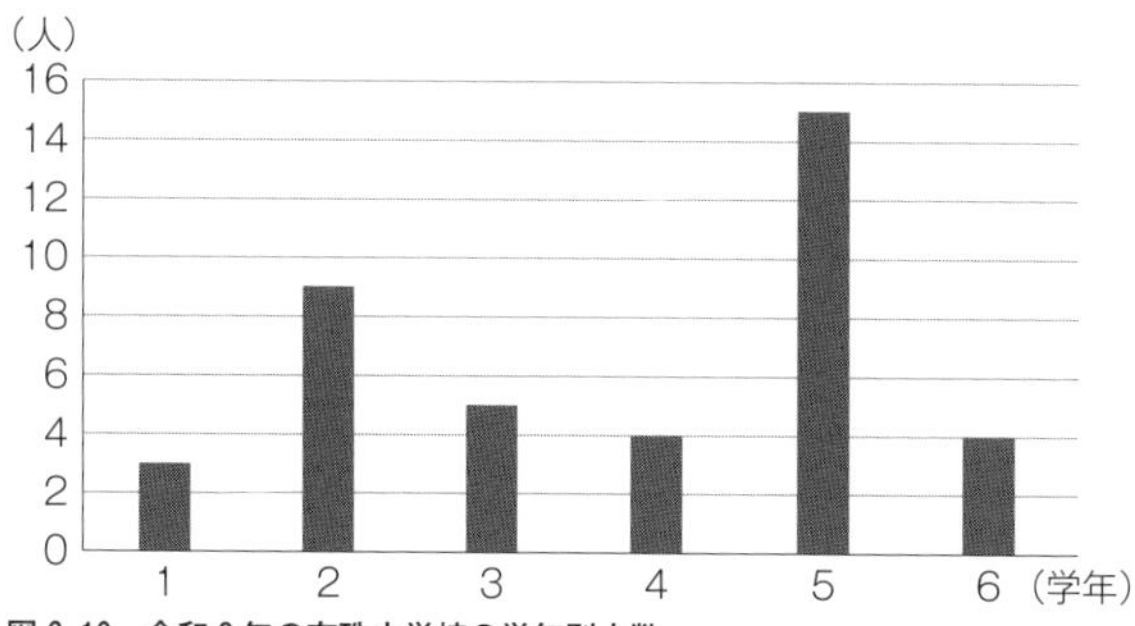

図 6-10　令和 2 年の有珠小学校の学年別人数

年の有珠小学校の学年ごとの人数をみると、6年生は4人です。つまりこの年度の卒業生は、120年前より減少しているのです。前述したように有珠小学校は生徒数の減少などによって、令和5年に閉校し、伊達西小学校と統合することが決まっています。

しかし、このような社会変化に悲観することはありません。後に詳しく述べますが、地域住民が知恵と力を出し合い、新しい価値を生み出し、成長していくことは可能なのです。

2 昭和時代以降の有珠の歴史と将来の課題

(1) 有珠地区の社会変化

有珠地区の昭和、平成、令和の時代のさまざまなできごとや社会変化は表6－7に見ることができます。

そのなかで主な社会インフラ整備を挙げると

道路(国道)開通　1893(明治26)年
鉄道開通・郵便開始　1928(昭和3)年
電話開通　1932(昭和7)年

などで、昭和初期には主要な社会インフラが整備されつつあったことがわかります。

次の第7章で述べますが、写真家で、筆者にとっては伊達高校の生物の恩師でもあった掛川源一郎先生は、昭和の時代のさまざま有珠地区の風景を、バチラー八重子さんの写真とともに残しています[12][17]。

ここでは地域に残っている写真から当時の有珠の風景を覗いてみましょう。図6－11の写真は、昭和4年当時の有珠湾の静かな風景です。また図6－12には、明治末に植えられた有珠善光寺周辺の3000本以上の桜が全国的に有名になり、花見の見物に多くの観光客が訪れている様子が写されています。さらに夏になると、遠浅の有珠海岸が海水浴や磯遊びに最適で、海開きとともに多くの人で賑わいました。図6－13の写真は、有珠駅に降り立った大勢の海水浴客の様子です。有珠海岸には、最近では「恋人海岸」と呼ばれ、一年を通して静かな波の音を聞きに訪れる人が絶えない人気スポットもあります。

有珠地区の住人にとって戦後の衝撃的な出来事といえば、昭和33年1月29日に起きた「洗心館」の火事（図6－14）でしょう。美しい有珠湾の風景に包まれた想い出深い旅館でした。

ジョン·バチラー・八重子	日本·外国の主な歴史
1931　バチラー学園財団法人認定	1931　満州事変
1932　八重子「若きウタリに」出版	
1933　勲３等瑞宝章	
1936　ルイザ夫人死去	
1937　有珠に夫妻記念堂建設	
1940　バチラー、日本を離れる	1941　太平洋戦争始まる
1944　バチラー、イギリスで永眠	1945　原子爆弾　終戦
	1946　日本国憲法公布
1946　北海道アイヌ協会設立（理事長：向井山雄（弟））	
1961　向井山雄牧師死去	
1962　八重子、関西旅行	
京都で死去（77 歳）	
1997　アイヌ文化振興法制定	
2007　先住民族の権利国際連合宣言	2008　洞爺湖サミット開催
	2009　洞爺湖有珠山ジオパーク指定
2019　アイヌ新法制定	2019　コロナ禍始まる
2020　民族共生象徴空間（ウポポイ）設置	

表 6-7　昭和以降の有珠の歴史年表 (10)

西暦	時代	有珠の出来事
1927	昭和 2 年	日米人形の交流
1928	3	有珠駅開設（長輪線全通）
		有珠郵便取扱所開設
		有珠実行組合設立（農業）
1929	4	大旱魃で苦しむ
1932	7	電話架設
1933	8	水難救難所開設
1937	12	バチラー夫妻記念堂建立
1944	19	有珠山系噴火（昭和新山誕生）
		鉄道病院開設
1948	23	有珠漁港修築完成
		有珠農事組合結成
1949	24	有珠中学校新設
		有珠漁業協同組合結成
1951	26	有珠優健学園設立
1955	30	アスパラガス栽培繁栄
1960	35	チリ地震津波大被害
		有珠山登山バス運行
1962	37	メロン栽培盛んになる
1963	38	有珠生活館設置
1964	39	有珠郷土館落成
1965	40	老人ホーム潮香園開設
1969	44	リンゴ園造成植樹
1972	47	伊達市有珠町となる
1973	48	有珠小学校新校舎落成
1977	52	有珠公民館設置
		有珠山噴火（有珠新山誕生）
1978	53	有珠消防署設置
1979	54	フィールド・アスレチック伊達開拓の森完成
		(有珠善光寺自然公園)
1980	55	老人ホーム喜楽園開設
		有珠磯まつり開始
1982	57	伊達海洋センター開設
1983	58	有珠山トリムマラソン開始
		有珠小学校百周年
		有珠善光寺修復始まる
1985	60	有珠湾白鳥まつり開始
		有珠地区農業改良普及新庁舎完成
1988	63	有珠善光寺新庫裡完成
1989	平成元年	有珠白鳥公園完成
1993	5	有珠終末処理場供用開始
1997	9	有珠ビーチハウス開設
2006	18	有珠優健学園分校閉校
2010	22	有珠中学校閉校
2013	25	まなびの里サッカー場開設
2019	令和元年	有珠地区整備検討会議設置

図 6-11　昭和 4 年の有珠湾[12]
㈱国書刊行会『ふるさとの想い出写真集』明治 大正 昭和「伊達」より

図 6-12　善光寺の花見に来たお客（有珠湾、昭和初期）[12]
㈱国書刊行会『ふるさとの想い出写真集』明治 大正 昭和「伊達」より

図 6-13　海開きの有珠海水浴に来た人たち(12)
㈱国書刊行会『ふるさとの想い出写真集』明治 大正 昭和「伊達」より

図 6-14　洗心館の火事（昭和 33 年 1 月 29 日）(12)
㈱国書刊行会『ふるさとの想い出写真集』明治 大正 昭和「伊達」より

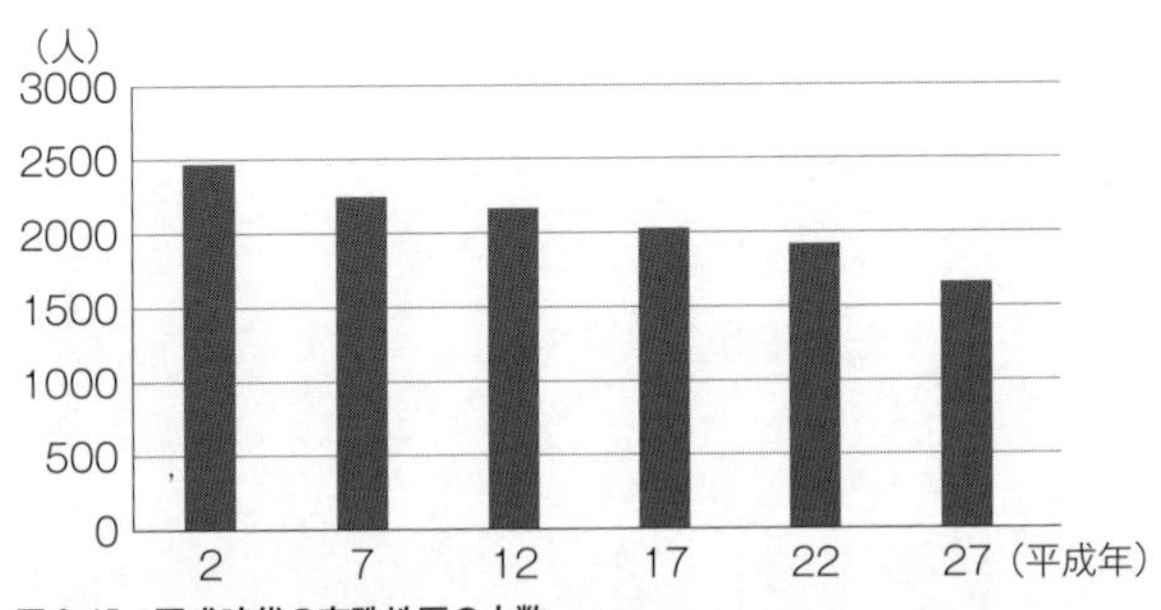

図 6-15　平成時代の有珠地区の人数

（2）有珠地区の将来の課題[18][19]

図6－15には平成時代に入った有珠地区の人口の変化を示しています。次項で述べるように有珠地区の人口が限界集落に陥らずに安定した人口に収束して、豊かな生活空間が維持されていくためには、地場産業の振興と、それに必要な生産人口が確保されていくことが重要です。こうしたことを踏まえると、将来的には第１次産業（農業・水産業）を中心とする有珠地区が必要とする人口数に落ち着いていくことが予想されます。

まず有珠地区の漁業関係の課題について考えてみましょう。噴火湾一帯地域の漁業ではホタテの吊り下げ養殖が盛んです（図6－16）。しかし、今後、噴火湾も地球環境の変化にともないさまざまな影響が出る可能性があります。噴火湾は、図6－17に示すように湾の水深分布が最大１００メートル程度で比較的浅いことが特徴です。そこに流入出

図 6-16　ホタテの吊り下げ養殖

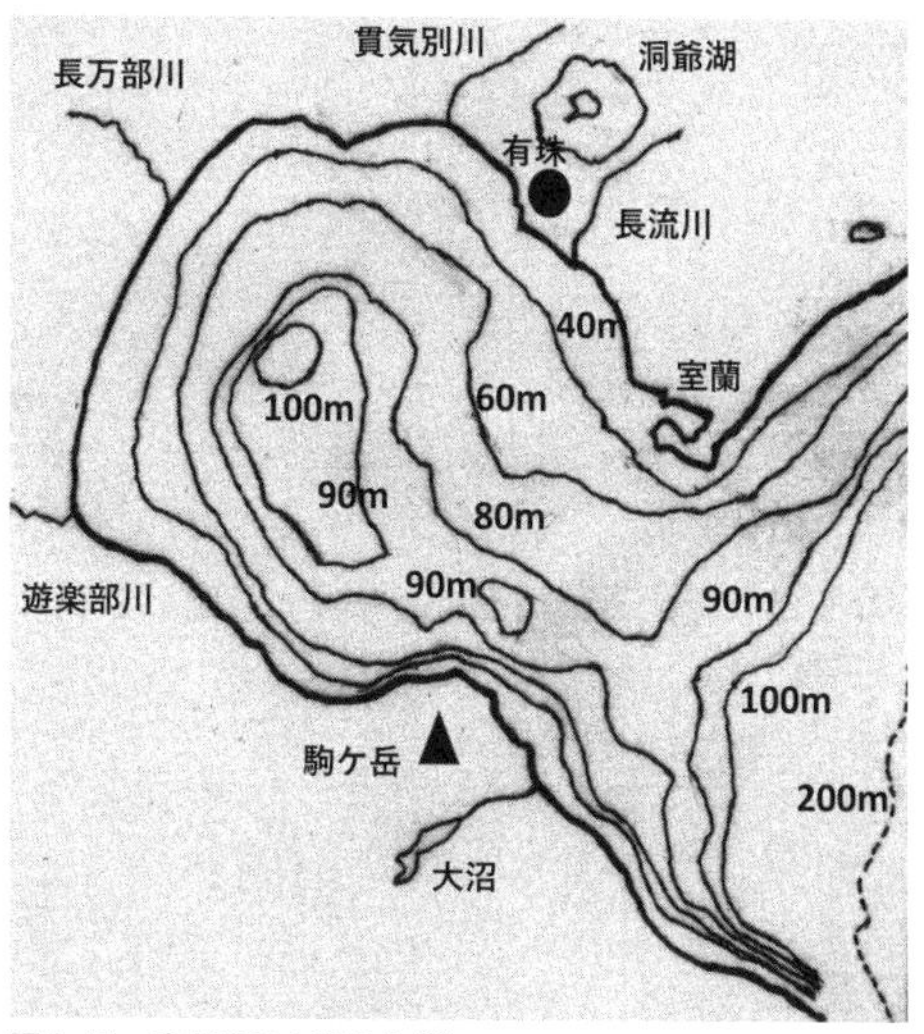

図 6-17　噴火湾の水深分布 (20)

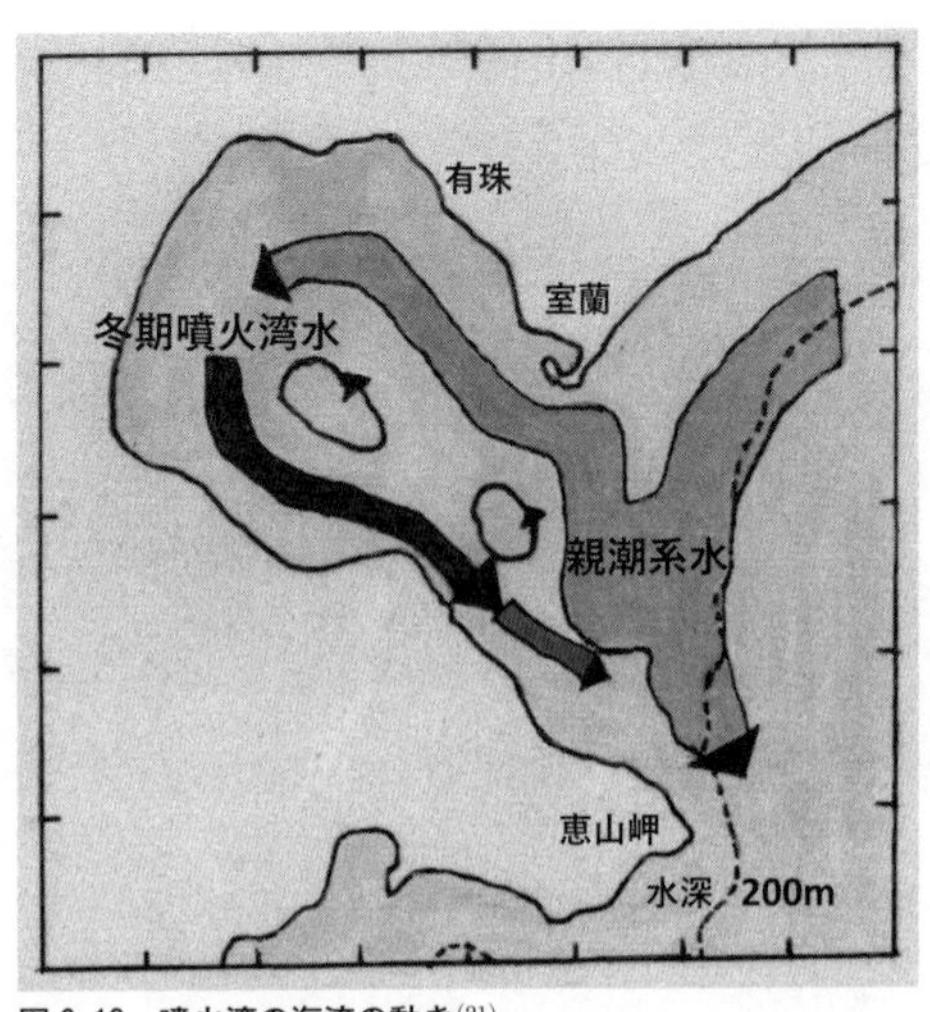

図 6-18　噴火湾の海流の動き(21)

する海水は、図6－18のように襟裳岬方面からくる冷たい親潮系水が春先に流入し、夏に湾内で温度が上昇するとともに、今度は津軽暖流水が流れ込みます。

また襟裳岬方面から来る親潮系水（O）（図6－19参照）は、津軽海峡から流れ来る津軽暖流水（Tw）と、日高沿岸沖で大きな反時計回りの渦を作ります。この渦流の西側（噴火湾側）に位置する親潮系水（O）は苫小牧沿岸から南西に流れ、噴火湾口で南東に向きを変えて恵山岬沖へ流れ去りますが、この時、岸近くを流れてきた親潮系水の一部は図6－18のように湾口部で反転して、湾口中央から室蘭寄りの北側を通って西向きに湾内に流入します。湾内では北東岸

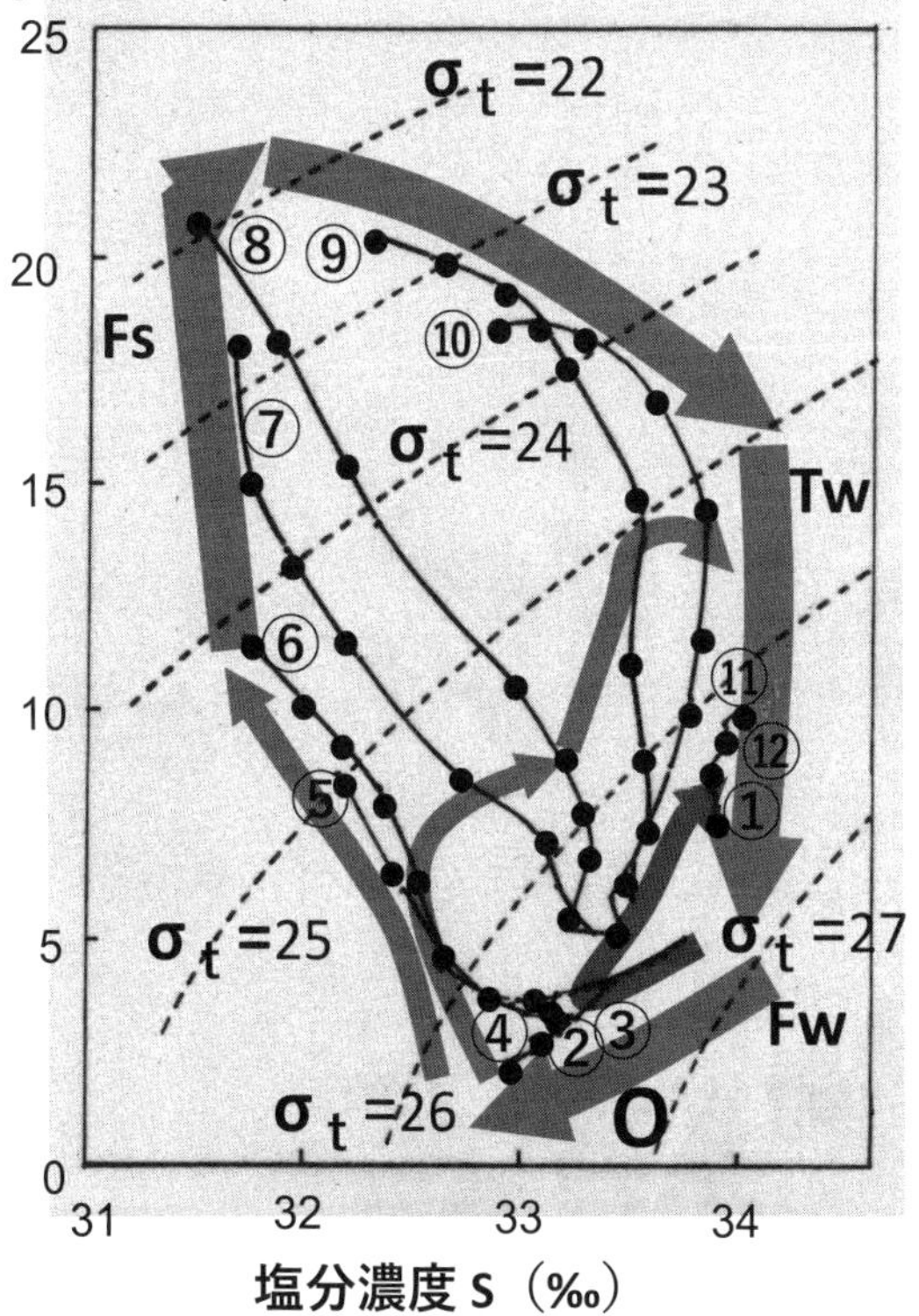

曲線上の ●印は10m深ごとのＴ－Ｓ曲線
数字は月を表す。　Ｏ：親潮系水
Ｔｗ：津軽暖流水　Ｆｓ：夏期噴火湾水
Fw：冬期噴火湾水　σ_t =海水密度の指標

図 6-19　噴火湾の海水の季節変動[21]

（陣屋、黄金）に沿って湾奥に向かい、反時計回りに広がっていきます。これにつれて冬期噴火湾水（Ｆｗ）は南西側に小渦流を作りながら、湾口南側から渡島半島沿いに流出します。冬期噴火湾水は親潮系水より密度が大きいので、湾外では親潮系水の下に潜入していきます。このように親潮系水が流入し始めた時点では湾内は図6－18に示すように反時計回りの循環流が発生しています。図6－19では深さ方向の季節変動に伴う海水の動きがはっきりとわかります。

春（2月～4月）に冬期噴火湾水（Ｆｗ）から親潮系水（Ｏ）へ湾内の水塊が交替し始めると、図6－19のように浅い部分から塩分、水温が減少しますが、親潮系水の極小値はオホーツク海の海氷量の影響を受けて年により変動します。次に湾内の表層は河川水の希釈と夏の加熱によって夏期噴火湾表層水（Ｆｓ）へと変質し8月に最高水温となります。中層では7月以降塩分濃度が上昇し始め、津軽暖流水（Ｔｗ）の影響が表れます。この夏期の表層に形成される低塩分水の夏期噴火湾表層水（Ｆｓ）は物質循環や生物生産とのかかわりが深いのです。

津軽暖流水（Ｔｗ）の交替（入れ替わり）が噴火湾内で進む9月以降、中層は津軽暖流水（Ｔｗ）に近づき、表層の塩分濃度も増加し、その後塩分の深さ方向の差が少なくなります。この頃は海水の冷却も進行するので、11月には上下によく混合され、一様に水温が下がり、図6-19のように湾内はほぼ均質な高塩分水となります。

さらに冷却が進むと、噴火湾内は津軽海峡の中では観測されない低温で高密度な冬期噴火湾水（Fw）となります。冬期噴火湾水の水温は、この時期の気象条件と冷却を受ける期間によって異なりますが、次の親潮系水（塩分濃度が低い）の流入が遅いと、図6-19のようにσt=27・0に近い高い密度になることもあります。（海水密度の指標σt=海水密度-1000キログラム／立方メートルで通常0≦σt≦30の範囲にあります。）

春先から盛夏にかけて噴火湾の海況を特徴づける親潮系水（O）は、オホーツク海から流出した流氷が十勝沿岸を南西流する間に融解するため、親潮の表層がさらに低温・低塩分になった水を含みます。したがってその水温は50メートル深くらいまでは冷却期末の親潮の上層水の水温より低く、0℃に近くマイナスの水温の場合もあります。塩分も32・8‰を中心に32・4～33・0‰の範囲にあります。この親潮系水（O）は日高海岸を経て噴火湾に至る間に親潮系水自身内部でも変化し、水温は上昇しますが、噴火湾に至っても低温を保っています。極小水温の見いだされる水深は親潮系水（O）の到達時期が早い場合は浅い深さにありますが、図6-19のように加熱期に入ると深くなります。また時間とともに加熱が深まっても塩分濃度は32・7～32・9‰にあり、水温値の変化もまだ小さく、極小値は一定の範囲にあります（2℃前後）。これは親潮系水から津軽暖流水への交替量が

図 6-20　北極海の氷（北見工大館山准教授撮影）

6月ごろまで増加するにつれて、その分布範囲が深まる（広がる）ためと考えられます。

2月から4月にかけての親潮系水の流入量の増加につれて、噴火湾にそれまで滞在していた冬期噴火湾水は、海盆部（水深90メートル）の低層水を残して、湾外に流出するので、湾内の特性は再び親潮系水の特性に変わります。これが噴火湾内の海水の季節変動なのです。したがって噴火湾はこうした二つの異なった外洋水の影響を受けているのです。たとえば北太平洋から南下する親潮は、オホーツク海方面から千島列島南部あたりで合流するオホーツク海流の影響が大きく、またそれは北極海の氷（図6-20）の変動とも連動する地球規模の温暖化の影響を強く受けています。そしてこれらが青潮・赤潮問題や貝毒問題と直接連動していることになるわけです。

したがって有珠地区の漁業においては、地球規模の広域的な海洋のさまざま影響を受けることから、これらの影響に関する大局的な検討と判断が必要なのです[22][23][24][25]。

また近年では、有珠湾におけるアサリ養殖に関する研究報告が行われています[19]。

道内のカキ養殖といえば、厚岸湾地域が有名で出荷が盛んですが、アサリについては稚貝の産地偽装など検討課題があります。有珠湾のアサリ漁は貝塚の遺跡からもわかるように、古代からの歴史があります。養殖場の整備や稚貝の育成などを検討する価値は大きいと思います。

農業についてはメロン栽培などが盛んです。国道37号線は「有珠メロン街道」と呼ばれ直売所が並び、収穫期には多くの人が訪れます。しかし、メロン栽培は、道内には夕張など有名な産地もあり、こうした地域に比べると、有珠地区の場合は、1次生産物の高次化に課題があると思われます。これは一般に6次産業化といわれるもので、素材に付加価値をつけて、生産物の価値を高める取り組みです。一朝一夕でできることではありませんが、地域の創意工夫の力を結集できれば、有珠産のリンゴジュース（図6－21）のように付加価値を高める可能性は大きく、産業の高度化と就業人口の増加を見込むことができると思います。

図 6-21　有珠産のリンゴジュース

「北海道総合開発計画[26]」においては、「食」と「観光」の発展が大きな柱です。有珠地区はこの2つの大きな柱を有しており、北海道の総合開発計画と連動することで、将来の大きな発展が期待されます。

これまで述べてきたように、有珠地域には、古代以来の長い歴史を背景として、これらのさまざまな歴史を体験できる観光資源が非常に多く残され、保存されています。有珠地域の人々には、将来的にこれらの貴重な歴史を引き継いで、永く後世に語り継いでいく責任があります。

有珠地域への多くの支援者はこれまで述べたさまざまな取り組みが発展して、図6－22に示すような「有珠歴史公園」が有珠地区に完成することを期待しています。

図 6-22　有珠歴史公園のイメージ絵（筆者絵）

参考文献

（1）『新北海道史　第2巻通説1』（北海道庁・1970年4月）
（2）『北海道史要』竹内運平著（北海道出版企画センター・1933年）
（3）『幕末から維新へ』藤田覚著（岩波新書・2015年5月）
（4）『伊達町史』（伊達町・1949年12月）
（5）『北海道の研究5　近・現代編Ⅰ』関秀志編（清文堂出版・1983年2月）
（6）『朔北に挑む―伊達士族の移住と開拓―』（北海道出版企画センター・1980年3月）
（7）「明治維新と武家の北海道移住―有珠郡における新たな共同体形成」三野行徳著『旅の文化研究所研究報告、No.23』（2013年12月）
（8）『侍たちの北海道　亘理伊達節団の挑戦』伊達150年物語の会編（2019年10月）
（9）北海道立文書館所蔵開拓使公文書「有珠郡引継書類」（明治6年）
（10）『有珠見て歩る記　名所風土挿絵集』酒井卓晃編集・挿画（渡辺印刷社・1984年8月）
（11）『日本史』井上光貞著（学生社、1961年3月）
（12）『ふるさとの想い出写真集　伊達／明治・大正・昭和』菅原清三編（国書刊行会・2021年6月）
（13）『馬追原野』辻本もと子著（風土社・1942年）
（14）『黒田清隆とホーレス・ケプロン』逢坂信悉著（北海タイムス社・1962年9月）
（15）『ケプロン日誌　蝦夷と江戸』ホーレス・ケプロン著、西島照男訳（北海道新聞社・1985年2月）
（16）開校百周年記念「同窓会名簿」（伊達市有珠小学校編・1983年）

(17)『若きウタリに―写真集』掛川源一郎・写真、バチラー八重子・歌（研光社・1964年1月）
(18)「噴火湾の海況変動の研究Ⅱ　噴火湾に流入・滞留する水の特性」大谷清隆著『北海道大学水産学部研究彙報』22巻1号（北海道大学水産学部・1971年5月）
(19)「有珠湾におけるアサリ人口種苗の中間育成」清水洋平、板倉祥一、川崎琢真、菊池亜衣子、井上志乃著『水産技術』9巻3号（国立研究開発法人水産研究・教育機構・2017年）
(20)「北海道南西部噴火湾沿岸域の森林環境変化が水産資源に及ぼす影響」箭内清治、長坂晶子著『水利科学』第273号（日本治山治水協会・2003年10月）
(21)「噴火湾の物理現象」大谷清隆著『沿岸海洋研究ノート』第19巻第1号（日本海洋学会沿岸海洋研究部会・1981年8月）
(22)「噴火湾における低次生産過程と貝毒プランクトンの中長期変動」工藤勲、宮園章、嶋田宏、磯田豊著『沿岸海洋研究』第43巻1号（日本海洋学会　沿岸海洋研究会・2005年）
(23)「北海道における沿岸水温環境とホタテガイ漁獲量の時空間変動解析」柴野良太、藤井賢彦、山中康裕、山野博哉、高尾信太郎著『水産海洋研究』第78巻4号（水産海洋学会・2014年）
(24)北海道、噴火湾におけるホタテガイの麻痺性貝毒発生を予測するためのAlexandrium tamarense　細胞密度の有効性について（報告）」吉田秀嗣、金森誠著『北水試研報』91号（北海道立総合研究機構水産研究本部・2017年）
(25)『日本全国沿岸海洋誌』日本海洋学会沿岸海洋研究部会編（東海大学出版会・1985年7月）
(26)「北海道総合開発計画」国土交通省（2016年3月）

第7章

ジョン・バチラーと有珠バチラー教会堂の歴史

図 7-1　現在のバチラー夫妻記念堂

1　ジョン・バチラーの活動[1][2]

　有珠のバチラー教会堂は正式名称を「バチラー夫妻記念堂」といい、1937（昭和12）年に建設され、その後、修復・整備・維持管理されて今日に至っています。2021（令和3）年12月、有珠聖公会を運営管理している札幌キリスト教会（日本聖公会北海道教区、大町信也司祭）は、この建造物の意義と歴史を多くの人々に知ってもらうために、伊達観光協会と伊達市役所の協力を得て「ライトアップ」施設を整備し、その歴史的価値を高めました。この章ではこの教会堂にその名が冠された「ジョン・バチラー」と養女の「バチラー八重子」の生涯を振り返り、その「文明的意味」について考えてみます。（表6-1、表6-7参照）

図7-2　ジョン・バチラー

ジョン・バチラー（1854―1944）は、英国ロンドン南方サセックス州アクフィールドで、11人兄弟の6番目として生まれました。父は、ハートフィールド市の市長を3期務めた人物で、子供たちにも洗礼を受けさせ、自由・平等・博愛のキリスト教精神を教え込みました。ジョン・バチラーも幼いころから、貧しき者、弱き者を助けるように教えられ、虐げられている先住民族に大きな関心を持っていました。当時のイギリスは、世界一の覇権国家であり、世界各地に植民地支配を拡げていました。こうしたなかでイギリス国教会は、その教義を世界中に広めるため、植民地を拠点にして各地に宣教師を派遣しました。

バチラーはロンドンのイズリントン神学校、ケンブリッジ大学神学部を卒業の後、東洋での宣教師を目指して、香港にあるセントポーロカレッジに入学しました。しかし、まもなく体調を崩したバチラーは、英国と気候風土の似ている日本へ行くことを勧められます。1877（明治10）年、日本に到着した後、寒冷地である函館の聖公会に所属して、日本語の勉強を始めました。そして、ここで出会ったアイヌの青年から、先住民族であるアイヌの人々が悲惨な生活と病に苦しんでいることを知らされたバチラーは、1879（明治12）年に有珠コタン、ついで平取コタンを訪ね、アイヌが懸命に生きている様子を見て、アイヌへの布教活動を決意します。

1884（明治17）年、バチラー30歳の時、函館聖公会代表ウォルター・アンデレスの妹ルイザ（当時41歳）と東京英国大使館で結婚しました。1887（明治20）年、英国伝道協会から正式にアイヌ民族の宣教師に任命され、翌年の1888（明治21）年には、良心的な和人や伝道協会の募金により幌別に「愛隣学校」を設立しました。その後、1892（明治25）年に札幌に拠点を移すと、伝道活動の範囲をさらに広げ、全道各地、樺太まで布教活動を行いました。1896（明治29）年には平取と有珠コタンの信者のために教会堂を建設しました。

1898（明治31）年、札幌の自宅別棟に「アイヌ・ガールルズ・スクール」を建設し、多くの身寄りのないアイヌの女子児童を引き取り、勉強を教えました。この時、バチラーの元で学ぶためにスクールに入学した、有珠のアイヌの少女がいました。その少女が1906（明治39）年にバチラー夫妻の養女となる向井八重子（後のバチラー八重子）です。バチラーは、聡明な八重子を進学させ、さらに八重子の弟・向井山雄にも、その才能を見込んで立教大学文学部神学科卒業まで学資を支援しました。山雄は1918（大正7）年卒業後、アイヌ伝道を開始、バチラーの後継者として活躍しました。また、八重子の末の妹チヨもバチラーの世話のもとで、長じて聖公会牧師岡村国夫司祭の妻として教会保育園の保母として尽力しています。

ジョン・バチラーは64年間、伝道・教育・医療などに献身的に努力し、また、アイヌ語・アイヌ文化の研究、文字のないアイヌ語の世界初のアイヌ英和辞典の編集、出版などにより、アイヌ民族の存在を世界に広めました。

1908（明治41）年12月から1910（明治43）年4月の間、バチラーはルイザ夫人、八重子を伴って4回目の英国帰国をします。渡英中、八重子は、バチラーの通訳により英国各地でアイヌについて講演をおこない寄付を受けています。

帰国後は、1923（大正12）年にアイヌ民族に中学校以上の教育を受けさせるために、「アイヌ保護学園」を設立、この学校は後に「バチラー学園」となりました。こうしたバチラーの活動に感銘を受けた、作家で北大の教員であった有島武郎は、「アイヌ教化団後援会」の主催で「惜しみなく愛は奪ふ」と題して道内各地で講演旅行をおこない、その講演料を後援会にすべて寄付したといいます。

また資金不足だったバチラー学園を救済しようと、1930（昭和5）年には、札幌農学校出身で、のちに東京女子大学学長や国際連盟事務局次長などを務めた新渡戸稲造を会長とする「バチラー学園後援会」が設立され、活発な募金活動が始められました。その結果、学園からは、多くのアイヌ青年が巣立ち、教師、獣医、技術者など、さまざまな職に就き社会に貢献しました。ジョン・バチラーは、人生の大半をアイヌ民族のために尽くしたことから、のちに「アイヌの父」と呼ばれるようになりました。1932(昭和7)年5月には、これらの功績を認められ勲三等瑞宝章も受章しています。

その4年後の1936(昭和11)年4月6日、妻ルイザが老衰のため92歳で亡くなり、札幌円山墓地に葬られました。苦労を共にした最愛の妻を失ったバチラーでしたが、翌年嬉しい知らせがありました。1937(昭和12)年10月に、「バチラー夫妻記念堂」が完成したのです。この教会堂は、バチラー八重子と山雄が尽力し、多くの信者や地域の人々の寄附や協力によって完成したもので、まさにバチラー夫妻の地域の人々との信頼の結晶といえるものでした。

しかし、その後、世界は第二次世界大戦へと突入。1941(昭和16)年には太平洋戦争が始まり、バチラーは敵性外国人として帰国を余儀なくさせられました。その後、日本に戻らぬまま、1944(昭和19)年に英国で91年の生涯を終えました。

2 バチラー八重子の活動[3][4][5]

バチラー八重子(幼名・フチ)は、1884(明治17)年有珠のアイヌ豪族の父向井富蔵(アイヌ名モロッチャロ)・母フチッセの6人兄弟の次女として生まれました。父は進歩的な人で、バチラーと親しく交流を持ちました。そのため、八重子が7歳の時にはキリスト教の洗礼を受けることを許しています。八重子が11歳の春、父は逝去しますが、遺言により、葬儀はキリスト教で行われました。

八重子は、13歳の時に札幌に出て、バチラーの「アイヌ・ガールズ・スクール」に学び、1902（明治35）年、東京の聖ヒルダ神学校（香蘭女学校）に進学、18歳の時から、バチラーの聖公会伝道師としてアイヌ伝道に活躍しました。1906（明治39）年、八重子はバチラー夫妻の養女となりましたが、この時バチラー53歳、ルイザ64歳、八重子22歳でした。その契約書には「向井フチは養父ジョン・バチラー、養母ルイザ・バチラーの精神を継承して、同胞を救わんことを生涯の勤めと為し、且つこれを永遠に伝えること」とあります。八重子は、その通りの生涯を送ったのでした。（図7－3参照）

八重子は、同族の悲惨な状態に心を痛めて、折々に詠んだ短歌を保存していました。これを言語学者の金田一京助が知り、1931（昭和6）年、歌集『若きウタリ（同族）に』（竹柏会・東京堂発行）として出版することになり、著名な新村出、佐々木信綱、金田一京助各氏が序文を寄せています。アイヌ民族として初めて日本語で書かれたこの歌集は、アイヌの誇りと悲しみ、苦悩を高らかに歌い上げたものであり、魂の叫びといえます。

例えば、

図 7-3　ジョン・バチェラー夫妻と八重子（右側）

亡（ほろ）びゆき　一人（ひとり）となるも　ウタリ子（ご）よ
こころ落（お）とさで　生（い）きて戦（たたか）へ

目（め）に触（ふ）れぬ　神（かみ）も住（す）まはむ　有珠（うす）コタン
今（いま）も昔（むかし）も　何時（いつ）の世（よ）までも

海（うみ）もよし　山（やま）もうつくし　人（ひと）もよし
ほんに住（す）みよき　有珠（うす）コタンかな

　これらの短歌には、八重子の心情が歌われています。

　さらに末武綾子著『バチェラー八重子抄』（北書房・1971年）によれば、八重子の晩年のノートに次の独り言のような文章があるといいます。

「昨夜の吹雪のましろき朝、ウスコタンの朝日がベットルームに赤くてりかがやいている。あっ何時の間にこんなに明けていたのかと、もくもくベットからおきますと、マーダー（マーザーの意味か、作者注）の大鏡の前へ朝日がさしているところに、白花豆をえらぼうとしてあけておきましたのを、ああ、昨夜は疲れて、そのまま置きぼりにして、ツギさん（＊）に、早く何もせずにお休みと言われてマッサージしてもらって寝たのであったが、おかげで今朝はさけそうに痛んであった肩もよくなっているので、日なたでお花白豆を、来春にまくための種を、よくみのったま白いつぶをえらび、種子のはここに入れて居ります中に、なんときよげな白さよ……」

作者の末武綾子氏は、この八重子の文章について、「文章は錯綜しているが、八重子は、80才近い年令になっても、時々、ザラ紙などに文字を書きつらねることを忘れなかった」と述べています。実はここに出てくる「ツギさん（＊）」は、筆者の祖母「大島ツギ」だと思われます。

祖母は１８９１（明治24）年生まれで、八重子の7歳年下でした。出会ったのは祖母は61歳、八重子は68歳の時で、お互いに年が近かったこともあり親しく交流していたものと想像できます。

有珠で育った筆者は小さい頃（小学校低学年頃、昭和27年前後）、よくバチラー教会の日曜学校に行かされていました。「行かされていた」というのは、この頃は自分の意志で行ったた記憶がないので、多分家族の勧めで通っていたのでしょう。

この当時の八重子は、地元の人々から「八重さん、八重さん」と慕われていたように記憶しています。高齢だった八重子に対して、私の祖母を含めて周囲の気遣いは相当あったと思います。また先述した掛川源一郎先生の『若きウタリに―写真集』[4]は、バチラー八重子の歌に掛川先生が写真を添えた本ですが、その中にリアルに表現されている「八重さん」の表情は、まさに私の記憶の中の八重さんそのものです。

小さかった筆者には八重さんの姿から、その「苦悩」を想像することすらできませんでした。しかし、改めて同写真集を読み返してみると、八重子の「心情」が写真を通して表現されており、写真家・掛川源一郎の傑作であり労作だったと深く理解できます。

3 八重さんの「苦悩」が意味しているもの――「共生」と「共助」

これまで各章に述べてきたように、有珠のアイヌは、縄文時代以来の歴史を引き継ぎながら、有珠地区の自然環境や地理的条件および歴史的経過や社会的環境の変化に対応して生活してきました。では現代を生きる私たちは、「八重さん」ことバチラー八重子の「若きウタリに」の短歌に切々と刻まれた「苦悩」をどのように受け止めるべきなのでしょうか。

話は少し飛びますが、筆者は2009年に、インド人の教え子で現在はインド国立大学（NIT）に勤務しているクマール教授とインド・ネパールを旅行しました。カースト制が残存するインドでは、今なおイスラム系の人たちは地方で苦しい生活を強いられています。旅先でも、日曜日でもないのに田舎の子供たちが学校に行かないで家の手伝いをしている光景を目にしました。こうした子供たちの家族は、子供が学校に行くことに対して、「何のために学校に行かせなければならないのか。学校に行くより、家の手伝いをする方が役に立つ」という態度なのだと、クマール先生から聞きました。この時、「教育」とは何かを深く考えさせられました[6]。

「教育」とは、学問を学び、それを生かして職業を得て社会のために働き、豊かな生活をすることだと考える人は多いかもしれません。そうであるならば、そうして得た豊かさとは何なのでしょう。幸福とはお金を儲けることでしょうか。

有珠地区は、縄文時代からアイヌ文化の時代へと人々の生活が連綿とつながってきました。恵まれた自然環境の中で静かに暮らしてきた先住民族であるアイヌの人々は、近世から近代にかけて「同化政策」をはじめとする教育政策や社会経済の影響の波を受けてきました。そうしたなかで、アイヌの人々は、自分たちの目指す生き方ができたのでしょうか。アイヌの人々にとって豊かな生活とは何なのでしょう。

八重さんが抱えていた「苦悩」とは、まさにアイヌ民族としての本来の「生き方」への模索だったのではないかと私には思われます。第3章で述べたように、和人もアイヌ民族も「北東アジア人」を起源とする同じ人種であり、時代の流れの中で「縄文人」と「弥生人」のように分類されているだけです。また世界的にもヨーロッパ人とも新人類の同系統の人種なのです。しかし、こうした思考に立って物事が進んでいくことは、八重さんが生きていた時代にはありませんでした。

現代は、アイヌ新法が2019（平成31）年4月に制定されるなど、八重さんにようやくその「答え」を示すことができる時代となってきました。それは本当の文明とは何かを考える機会にもなるはずです[7][8]。

日本の社会経済システムは「資本主義」と「民主主義」を基本として動いています。そしてこの社会経済システムが目指すものは、「社会的公正性」です。つまり先住民族を含めた多様な人々が文化的にも社会的にも「共生」でき、人々の間で「共助」できる社会システムなのです。現代はこの「民族共生システム」を探っている時代であり、まだ不十分な点がありますが、いつの日か、そのような時代が必ず訪れると考えています[7]。八重さんが現代に生きていたら、もっと心豊かになれただろうと思われます。

有珠の歴史的遺産であるバチラー夫妻記念堂は、アイヌや和人などの垣根を超えて地域

図 7-4　ライトアップされたバチラー夫妻記念堂

の人々のバチラー夫妻への思いがカタチとなった建物であり、まさに時代を超えた本物の「民族共生象徴空間」といっていいでしょう。

釈迦の「覚り」については第4章で述べましたが、現代の仏教においても「覚り」の思想の根本に、「自利利他円満」、「自覚覚他円満」があるといわれます。それは「共生」と「共助」と重なり、私たちが目指すべき道ではないでしょうか。

参考文献

（1）『ジョン・バチラー自叙伝　我が記憶をたどりて』ジョン・バチラー著、村崎恭子校訂（北方新書・２００８年６月）
（2）「アイヌ民族保護を訴え続けたジョン・バチラーの生涯と業績」『HOMAS（日本語版）ニューズレター』No.64（北海道・マサチューセッツ協会・２０１１年12月）
（3）『若きウタリに』バチラー八重子著（岩波現代文庫・２００３年12月〈初版１９３１〉）
（4）『写真集　若きウタリに』掛川源一郎・写真、バチェラー八重子・歌（研光社・１９６４年８月）
（5）『バチェラー八重子抄』末武綾子著（北書房・１９７１年７月）
（6）「大正、昭和初期における先住民アイヌの子育てと保育―ジョン・バチラー、バチラー八重子による平取幼稚園と日曜学校を中心として」島津礼子、七木田敦著『幼年教育研究年報』第42巻（２０２０年10月）
（7）『「文明」の宿命』西部邁、佐伯啓思、富岡幸一郎編（ＮＴＴ出版・２０１２年１月）
（8）『インド仏教の歴史「覚り」と「空」』竹村牧男著（講談社学術文庫・２００４年２月）

あとがき

　本書の執筆にあたっては多くの方々からアドバイスやご示唆、ご教示をいただきました。ここにお名前を列記して感謝の意を表したいと思います。

亘理伊達家第20代当主伊達元成氏、有珠善光寺前副住職木立真理氏、有珠出身の佐藤克司氏、有珠地区在住の風間史郎氏、福田茂夫氏、酒井卓晃氏
伊達市出身の北海道映像記録(株)代表取締役　馬場勉氏、伊達郷土史研究会の皆様
伊達市長　菊谷秀吉氏、伊達市教育委員会教育長　影山吉則先生
有珠小学校校長　柳澤君彦先生、元校長　三品辰雄先生
有珠地区整備検討会議の皆様
有珠バカンス村プロジェクト　畑谷博子氏、水産に詳しい札幌市奈良部繁氏
日本聖公会札幌キリスト教会　大町信也司祭、北大美術部ＯＢさっぽろくろゆり会の皆様
　また(株)アイワード　竹島正紀氏およびライターの井上美香氏には本書の構成から推敲まで多くの作業についてお世話になりました。

明治初期に東北の地から未開の北海道・有珠郡に新天地を目指した人々の思いは、東北地方宮城県出身で京都大学文学部出身の哲学者梅原猛教授が晩年取り組んだ、第3章で述べたようなもっと古い日本の縄文時代以来の歴史と文化を生かして、京都でも東京でもない、東北や北海道が今後の日本の針路を示すことができるのではないかという思いと通じるものがあると思います。また第7章で述べたように、今後の人間社会の豊かな時代、地球上の人々のSDG'sを踏まえた豊かな生活を目指すためには、人間社会の「共生」と「共助」のシステムがなければ実現できないと思います。資本主義の修正だけでは実現できないことが指摘されています。（斎藤幸平著『人新世の「資本論」』集英社新書）

本書をきっかけとして若い世代の皆さんが、今後積極的に活動していただきたいし、このことは後世への著者のメッセージでもあります。

最後に、本書の出版を支援してくれた家族にも感謝したいと思います。まず今年金婚式を迎えることになり、これまで長年にわたり著者と一緒に人生を歩んでくれた妻の大島さをりに感謝いたします。さらに長男の大島有史とその妻の大島喜代美さん、および著者の孫たちの大島奈都と大島将都、および長女の高野こゆきとそのご主人高野敬志さん、およびその子供の孫たちの高野安筑と高野くるみに感謝いたします。これからも幸せで有意義な人生を歩んでくれることを願っています。

著者略歴

大島 俊之

おおしま としゆき

昭和21（1946）年7月29日生

昭和33年	有珠小学校卒業、 昭和37年有珠中学校卒業、昭和40年伊達高校卒業
昭和44年	北海道大学工学部土木工学科卒業
昭和47年	室蘭工業大学大学院修士課程修了
昭和47年	北見工業大学助手、昭和49年講師、昭和50年助教授
昭和58年	工学博士（北海道大学）
平成 2年～3年	文部省在外研究員　米国バージニア工科大学客員教授
平成 3年	北見工業大学教授
平成 8年～17年	北見市都市計画審議会会長
平成11～16年	釧路地方裁判所調停委員
平成14～15年	北見工業大学図書館長、 平成16～17年副学長、平成18～20年理事・副学長
平成24年	北見工業大学退職・名誉教授
平成25年	国際構造健全度モニタリング学会（ISHMII）から Aftab Mufti メダル受賞
平成29年	土木学会名誉会員
令和 2年	モニタリング学会（ISHMII）終身名誉会員

資格　技術士（建設部門、総合技術監理部門）
　　　土木学会特別上級技術者

「有珠学」紹介手帖

発行日　　2023(令和5)年2月4日　初版発行

著　者　　大島 俊之

発行所　　株式会社 共同文化社
060-0033 札幌市中央区北3条東5丁目
Tel.011-251-8078 Fax.011-232-8228
https://www.kyodo-bunkasha.net/

印刷・製本　　株式会社 アイワード

©2023 Oshima Toshiyuki　printed in Japan

ISBN978-4-87739-376-2

共同文化社の本

地下トンネルの世界から
未来の土木技術者たちへのメッセージ
北武コンサルタント株式会社 著
B5判横一八二㎜×二五七㎜
七二頁・定価二二〇〇円

猫(ボク)はここにいるよ
新倉ヨシコ 著
変型判一九四㎜×一七〇㎜
六〇頁・定価九九〇円

おいしく つくろうよ
東海林明子 著
A4変型判二五〇㎜×二一〇㎜
八四頁・定価一四三〇円

サロマ湖森の詩
上伊澤洋 著
A4変型判二七〇㎜×二一〇㎜
八〇頁・定価一九八〇円

赤いテラスのカフェから
フランスとアイヌの人々をつなぐ思索の旅
加藤利器 著
A5判二一〇㎜×一四八㎜
一八四頁・定価一九八〇円

〈価格は消費税10%を含む〉